세계사보다 더 재미있는
최진기의 전쟁사

세계사보다 더 재미있는
최진기의 전쟁사 1

고대부터 중세까지

초판 1쇄 인쇄 2019년 10월 7일
1판 6쇄 발행 2024년 6월 6일

지은이	최진기
발행인	서진
펴낸곳	이지퍼블리싱
책임편집	편집부
마케팅	김정현 이민우 김이슬
영업	이동진 박민아
표지디자인	강희연
본문디자인	박한별
주 소	경기도 파주시 회동길 527 스노우폭스북스빌딩 3층
대표번호	031-946-0423
팩 스	070-7589-0721
전자우편	edit@izipub.co.kr
출판신고	2018년 4월 23일 제 2018-000094 호

ISBN 979-11-966335-6-1 04900
       979-11-966335-4-7 (세트)

세계사보다 더 재미있는

최진기의 전쟁사

고대부터
중세까지

최진기 지음

izi 이지퍼블리싱

The History Of War

연표

고대 · 중세 전쟁사

B.C.

2차 페르시아 전쟁
마라톤 전투 ── 490년 ● 492년 **1차 페르시아 전쟁**

● 480년 **3차 페르시아 전쟁**
살라미스 해전

가우가멜라 전투 331년 ● 333년 이소스 전투

● 264년 **1차 포에니 전쟁**

2차 포에니 전쟁 218년 ●

● 149년 **3차 포에니 전쟁**

A.D.

몽골의 정복 전쟁 시작 1206년 ● 1211년 **몽골의 금나라 정벌**
1219년 **몽골의 호라즘 제국 정벌**
몽골의 유럽 정벌 1240년 ●

● 1337년 **백년전쟁 시작**

콘스탄티노플 함락 전쟁 1453년 ●

근세 · 근대 · 현대 전쟁사

A.D.

벽제관 전투	1593년	1592년 임진왜란
칠전량 전투	1597년	1598년 울산성 전투
		1618년 30년 전쟁
브라이텐펠트 전투	1631년	
		1793년 중국의 문호개방
중국 정부의 아편 몰수	1839년	1840년 아편전쟁
		1894년 청일전쟁
1차 세계 대전	1914년	1914년 사라예보 사건
덩케르크 대탈출	1940년	1939년 2차 세계 대전
히로시마 · 나가사키 원자폭탄 투하	1945년	
베트남 전투	1955년	1954년 디엔비엔푸 전투
대한민국, 미국 참전	1965년	
		1968년 구정 대공세
		1973년 베트남 전쟁 종결

차례

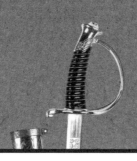

1장

동양과 서양이
맞붙은
최초의 전쟁

그리스–페르시아 전쟁

1
그리스-페르시아 전쟁의 서막

1) 그리스 문명의 시작, 크레타 문명

역사상 가장 유명한 전쟁 중 하나인 그리스-페르시아 전쟁으로 고대·중세의 전쟁사 이야기를 힘차게 시작해 보도록 하겠습니다.

B.C. 492년부터 B.C. 448년까지 아테네와 스파르타 등 도시국가 연합인 그리스와 서아시아를 평정한 페르시아 제국은 세 차례에 걸쳐 전쟁을 합니다. 그리스-페르시아 전쟁은 서양 세계와 동양 세계가 맞붙은 최초의 전쟁이었죠. 그렇다면 유럽의 그리스와 서아시아의 페르시아는 왜 전쟁을 하게 되었으며, 그 전쟁은 어떻게 진행되었고, 세계 역사를 어떻게 바꿔 놓았을까요?

어떤 역사적 배경에서 전쟁이 시작되었는지 알아보기 위해 그리스 문명부터 살펴보기로 하죠. 먼저 지도를 한번 보겠습니다.

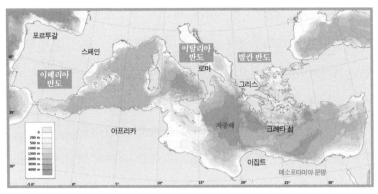

지중해 연안 국가

지중해는 유럽의 스페인 · 프랑스 · 이탈리아 · 그리스, 아시아의 이스라엘 · 요르단 · 레바논 · 터키 · 시리아, 아프리카의 이집트 · 리비아 · 튀니지 · 알제리 · 모로코 등 3개 대륙의 여러 나라에 둘러싸여 있습니다. 지도를 보면 이베리아 반도와 이탈리아 반도, 발칸 반도가 연달아 있죠? 이베리아 반도에는 스페인과 포르투갈이 있고, 발칸 반도에 그리스-페르시아 전쟁의 주인공인 그리스가 있습니다. 그리고 발칸 반도 아래쪽 바다에 작은 섬이 하나 있는데, 바로 크레타 섬입니다.

티그리스 / 유프라테스 강을 중심으로 발달한 메소포타미아 문명은 바다를 통해 발칸 반도에 있는 그리스로 전파됩니다. 그러려면 필연적으로 지중해 중간에 있는 크레타 섬을 거쳐서 들어갈 수밖에 없습니다. 그래서 문명의 발달 순서를 보면 메소포타미아가 가장 먼저, 그다음에는 크레타 섬, 마지막이 발칸 반도였습니다.

발칸 반도에 문명의 꽃을 피우기 전까지 그리스는 실상 크레타 섬의 식민지나 다름없었다고 하죠. 결과적으로 그리스 문명의 기원은 크레타 섬을 중심으로 발달한 크레타 문명(B.C. 3650~1170년경)에 있습니다.

그리스 문명에 대해 이야기하기 전에 먼저 크레타 왕국 이야기를 하고 넘어가 보겠습니다. 아주 먼 옛날 신화에 따르면 크레타 왕국엔 미노타우로스라는 괴물이 있었습니다. 인간의 몸을 하고 있지만 얼굴은 황소의 형상을 한 이 괴물은 미노스 왕의 명령으로, 한번 들어가면 나올 수 없는 복잡한 미궁 속에서 살고 있었죠. 이 미궁으로 매년 7명의 처녀와 총각이 제물로 바쳐졌습니다.

어느 날 아테네의 왕자 테세우스가 미노타우로스를 처치하기

크레타 섬 미궁 속에 살고 있는 미노타우로스

위해 스스로 제물이 되겠다고 나섭니다. 테세우스를 사랑한 크레타의 공주는 명주실 뭉치를 주면서 미궁을 빠져나올 방법을 알려줍니다. 테세우스는 괴물을 죽인 뒤 미리 풀어 놓은 실을 따라, 제물로 바쳐진 아테네 사람들과 함께 무사히 미궁을 빠져나옵니다.

이 같은 신화에서 아테네의 왕자가 크레타 섬의 괴물을 물리쳤다는 것은 상징적인 의미를 갖습니다. 이때부터 그리스는 크레타 섬의 영향력을 벗어나, 아테네가 중심이 되는 새로운 그리스 시대가 열렸다고 볼 수 있는 것이지요.

이번엔 트로이 문명을 살펴볼까요? 트로이라고 하면 제일 먼저 '트로이의 목마'가 떠오를 겁니다. 동시에 잘생긴 브래드 피트

트로이, 미케네, 크레타 문명

의 얼굴을 떠올리시는 분도 있겠네요. 브래드 피트가 출연한 영화
이자, 3200년 전 트로이 전쟁*을 배경으로 한 영화 〈트로이〉(2004)를
보면 스파르타가 나오는데, 우리가 알고 있는 스파르타와 같은 나
라인지 아닌지는 아직 정확하게 밝혀지지 않아 알 수 없습니다. 그
저 그 당시에 그런 나라가 있었다고 전해진 것입니다. 베일에 싸여
있긴 하지만 어쨌거나 트로이 전쟁은 우리에게 아주 친숙합니다.
그러다 보니 규모가 큰 전쟁으로 생각하곤 하죠. 과연 그럴까요?

    1873년에 독일의 고고학자 슐리만이 트로이의 유적을 발굴했
습니다. 그리고 나중에 유네스코 세계문화유산으로도 등록됩니다.
트로이 유적을 처음 발견했을 당시 사람들은 깜짝 놀랍니다. 물론

B.C. 1250년에 일어난 트로이 전쟁

고대 유물이 발견된 것 자체가 대단한 일이기는 하지만, 이 유적이 고작 가로와 세로 모두 200미터도 되지 않는 크기였다고 합니다. 트로이 엄청난 전쟁 신화에 비하면 생각보다 많이 작죠? 그 정도면 동네 초등학교 운동장 크기만 한 거니까요.

트로이 전쟁이 있었던 때는 B.C. 1200년경입니다. 당시 이집트와 바빌론, 아시리아 등과의 전투 규모에 비하면 트로이 전쟁은 사실 굉장히 소규모의 전쟁이었습니다. 조금 과장하자면, 동네 소꿉친구들끼리 편 갈라 뛰어다니면서 하는 전쟁놀이와 비슷한 수준이라고 생각하면 될 것 같네요. 이와 비슷한 시기에 발생했던 카데시 전투(기원전 1274년에 있었다고 추정되는 이집트와 히타이트의 전투)를 비교해 보면 그 차이가 더욱 극명하게 드러납니다. 카데시 전투는 람세스 왕이 이끄는 이집트 군대와 히타이트 군대가 맞붙은 전투로, 두 나라에서 동원된 군인의 수는 학자에 따라 다르지만 약 3만 7천 명에서 7만 명에 달했다고 합니다. 규모를 비교하면 트로이 전쟁은 변방에서 벌어진 작은 다툼에 불과하다는 사실을 알 수 있습니다.

한편, 본격적으로 그리스 문명이 탄생했다고 말할 수 있는 이 시기는 아직 청동기에 머물러 있었습니다. 그러다 철기 문명을 가진 북쪽 도리아인에게 멸망합니다. 이후 그리스는 B.C. 1200~800(추정)

> **Tip** 트로이 전쟁(Trojan war)
> 호메로스가 쓴 고대 그리스의 영웅 서사시에 나오는 그리스군과 트로이군의 전쟁이다. 트로이의 왕자가 스파르타의 왕비를 유괴하면서 전쟁이 일어났는데, 그리스군이 10년 동안 싸운 끝에 트로이를 점령했다.

까지 역사 속에서 완전히 사라집니다. 이 기간 동안 그리스에 무슨 일이 있었는지 정확히 알려진 바는 없습니다. 어떠한 역사 기록도 남아 있지 않기 때문입니다. 그래서 사람들은 이 시기를 암흑시대 (Dark ages)라고 표현합니다. 확실히 알려진 자료가 없기 때문에 암흑기나 침체기라고 규정조차 할 수 없는 시기이기도 합니다.

그러다 B.C. 776년 제1회 올림피아, 즉 올림픽이 개최가 됩니다. 올림피아가 개최가 되면서 본격적으로 그리스 시대가 열리게 되는 것입니다. 올림피아 제전은 고대 그리스의 성소였던 올림피아에서 열렸던 체육대회이자, 제우스 신에게 바치는 제전경기의 하나였습니다.

이 같은 사실은 아테네 대학의 올림픽 연구가로 유명한 람브로스 교수가 IOC의 부탁을 받고 고대 올림픽사를 정리한 자료에도 나타나 있습니다. 특히 권투와 레슬링 같은 종목은 무척 잔인했다고 합니다. 상대방이 항복하지 않으면 목을 부러뜨리거나 허리를 꺾었으며, 귀가 떨어지고 코가 없어지는 경우는 흔한 일이었다고 하죠. 권투와 레슬링이 혼합된 격투기에서는 눈알을 파내는 등 혈전을 벌여 선수가 목숨을 잃는 경우도 다반사였다고 합니다.

당시의 경기가 얼마나 끔찍했는지 보여 주는 일화가 있습니다. 아라키온이라는 격투 선수가 있었는데, 이 선수는 상대 선수에게 목이 졸려 죽기 직전에 상대방의 다리를 부러뜨려 승리했다고 합니다. 하지만 그러는 동시에 목이 졸려 있던 아라키온은 결국 질식사합니다. 죽은 이가 챔피언이 된 겁니다. 당시의 경기가 얼마나 처참했는지 알 수 있죠.

그 밖에도 멀리뛰기 종목이나 '스타디온(훗날 Stadium, 주경기장의 유래)'이라는 달리기 경주, 전차 경주 등이 있었습니다. 특히 전차 경주라고 한다면 A.D. 66년에 열린 올림픽이 유명합니다. 폭군 네로 황제가 4륜 마차 경기 부문에서 참가한 것도 모자라 우승까지 했다고 하니, 올림픽 최대의 수치로 기록될 수밖에 없었을 것 같습니다. 왜 그런가 하면 당시 그리스는 로마의 지배를 받고 있었기 때문에, 로마의 황제 네로가 경기에 참석한다는 건 사실상 반칙이나 다름없는 것이었습니다.

더구나 그는 경호원이면서 동시에 자신을 응원해 줄 박수부대 5,000명을 거느리고 나타났다고 합니다. 그러니 그가 출전한 4륜 마차 경기의 분위기는 어땠을까요? 심지어 네로는 경기 도중에 마차에서 떨어지기까지 했습니다. 하지만 심판들은 "넘어지지만 않았더라면 확실한 우승"이라 이야기하며 네로에게 월계관을 씌워 주었습니다. 어찌 보면 당연한 풍경 아닐까요? 우승이 아무리 좋아도 목숨과 맞바꿀 사람은 없을 테니까요.

이후 올림픽은 열렬한 기독교 신자였던 로마 황제 데오도시우스에 의해 A.D. 393년에 폐지됩니다. 기독교가 국교인데 이교도의 신인 제우스를 기리는 경기를 한다는 것은 말이 안 되는 일이니까요. 그렇게 1,500년 동안 금지되던 올림픽은 1896년이 되어서야 다시 열리죠. 그리스 아테네에서 제1회 근대 올림픽의 막이 오릅니다.

2) 아테네의 탄생

앞선 다양한 사건들을 지나 드디어 고대 그리스 전성기가 시작됩니다. 고대 아테네부터 가 볼까요? 아테네도 다른 문명국가와 마찬가지로 귀족인 노블레스와 상공인인 데모스 사이에 갈등이 벌어집니다. 그러다가 점차 상공인인 데모스가 권력을 가져가는데, 이러한 과정이 군인들의 모습에도 그대로 반영됩니다. 일단은 이 시대의 군인들은 지금 우리가 사는 시대의 군인과는 확연히 다르다는 사실을 아셔야 합니다.

첫 번째 차이점은, 군 입대하는 군인의 모습에서 찾아볼 수 있습니다. 여러분 주변의 남자친구나 남자 형제들을 떠올려 보세요. 어떤 모습으로 가죠? 혹시 입대 전 미리 총을 사 놓는다거나, 무기값이 비싸서 걱정이라는 등의 말을 하는 사람을 본 적이 있나요? 당연히 없을 겁니다. 우리는 그저 머리를 짧게 자르고 빈손으로 가서 입대하면 됩니다. 나라에서 알아서 군복과 총을 포함한 모든 군수품 일체를 챙겨 주니까요. 하지만 그리스 시대의 군인들은 하나부터 열까지 자기 돈으로 사서 무장하고 군대에 가야 했습니다.

대신 전투에서 승리하면 전리품을 모두 차지할 수 있었죠. 이것이 지금과 다른 두 번째 특징입니다. 지금은 전쟁을 해도 개별 군인이 전리품을 취할 수 없습니다. 전쟁 결과 얻어지는 모든 것들은 군인이 속한 국가의 소유가 되죠. 그런데 그 당시에는 그렇지 않았습니다. 싸우고 이겨서 획득한 전리품은 모두 자기 것이 되는 거예요.

자기 돈으로 무장하고 가는 대신에 주어지는 혜택(?)이라고 할 수 있지요.

그렇다면 입대 전 스스로 무장해야 했던 당시의 군인들은 어떤 무기를 샀을까요? 칼이나 창? 혹은 도끼? 어떤 것이든 당연히 청동으로 만든 무기였을 겁니다. 당시는 청동기였으니까요. 청동의 원료는 구리입니다. 그런데 구리는 잘 휘니까 주석을 넣어서 강도를 높였습니다. 하지만 아무리 강도를 높여도 철처럼 단단하지는 않았죠. 때문에 청동 무기로는 베기 공격을 하기가 어려웠다고 합니다. 물론 일상에서 농기구로 쓰기에도 적합하지 않아서 주로 제기에 많이 쓰였다고 하죠.

그럼, 당시 사람들은 철이 없어서 못 쓴 걸까요? 그건 아니었습니다. 철은 오히려 청동보다 흔했죠. 하지만 당시 사람들은 철의 용융점(녹는점)인 1,538℃에 다다를 수 있는 기술이 없었습니다. 반면 구리의 용융점은 1,084℃로, 철보다 낮았기 때문에 다양한 무기 제조가 가능했죠. 불의 온도를 높이는 기술은 생각보다 어려운 일이었기에, 사람들은 어쩔 수 없이 철보다 귀한 구리를 찾아 청동 무기를 만들어 사용했습니다.

그러나 다행히도 기술은 끊임없이 발달했고, 철을 사용할 수 있는 시대가 도래했습니다. 청동기를 벗어나 철기가 된 겁니다. 철을 이용해 더 단단하고 실용적인 무기 제조가 가능해졌죠. 그에 따라 군인들에게도 변화의 바람이 불어왔습니다. 그 변화는 잠시 뒤에서 이야기하기로 하고, 일단 청동기에 대해 조금만 더 알아보도록 하죠.

당연하게도 당시에 금속은 값이 비쌌습니다. 더구나 청동은 흔하지 않으니 더 비쌌겠죠. 따라서 청동으로 만든 무기를 가질 수 있었던 건 소수의 귀족뿐이었습니다. 이 말을 다른 말로 바꾸어 보면, 자기 돈으로 자신의 몸을 무장해야 했던 군인들 역시 귀족이라는 말이 됩니다. 실제로 군인이 되려면 돈이 많아야 했을 겁니다. 무기 외에 말과 같은 탈 것도 준비해야 했으니까요. 물론 군인들은 귀족 출신이었으니 직접 말을 몰지는 않았습니다. 말을 대신 몰 사람과 마차가 세트로 필요했죠. 이 마차가 전쟁터에 나가니 그것이 곧 전차였습니다. 당시 전투를 보면 대부분 전차 전쟁이죠.

관련지어 생각해 보면 중국의 춘추시대도 전차 전쟁 시대입니다. 전차전이라는 건 다르게 이야기하면 군인의 수가 적다는 말입니다. 예를 들어, 100만 명씩 사는 두 나라가 있다고 해 봅시다. 그중 남자가 50만 명이고, 그중 절반이 건장한 성인이라면 그 나라는 최대 25만 명의 군인이 나올 수 있을 겁니다. 하지만 그 25만 명이 다 무장을 할 수는 없습니다. 앞서 말했듯 무장을 하려면 돈이 필요합니다. 25만 명 중에는 부자가 아닌 사람도 있을 테니 모두 무장을 할 수는 없죠. 25만 명 중 소수, 즉 귀족만 군인이 되는 겁니다. 다시 말해 100만 명 중에서 무장한 군인은 수천 명밖에 안 된다는 말입니다. 그래서 춘추시대를 비롯한 이 시대의 전쟁들은 전부 소규모 전투가 될 수밖에 없는 거죠.

그리고 전차전은 생각보다 재미있는 전쟁입니다. 우선 전차를 타고 싸울 수 있는 곳과 없는 곳을 생각해 볼까요? 전차로는 나무가 울창한 산에서는 싸우지 못합니다. 오직 평지에서만 싸울 수 있죠. 그것도 그냥 평지가 아니라 전차의 승차감을 생각한 아주 평편한 평지여야 합니다. 그래서 보통은 전쟁을 하기로 한 두 나라가 어느 평지에서 전쟁을 할지 미리 약속을 합니다. 심지어 약속 후에 두 나라의 사람들이 먼저 와서 전차가 잘 다닐 수 있게 평지를 잘 다져 놓기도 했다고 합니다. 그 후에 전쟁을 했죠. 한마디로 귀족들이 한껏 치장하고 와서 하는 그런 싸움이란 말이죠. 더 웃긴 것은 그리스 일부 국가에서는 전차에서 내려와 싸웠다고 합니다. 전차를 타고 와서 잘 세워 둔 후, 내려와 싸우고 이긴 사람은 다시 전차를 타고 돌아가는 식의 전쟁인 거죠.

이 시대에 있었던 전쟁의 또 다른 특징은 대량학살이 없었다는 것입니다. 일례로 춘추시대에는 전쟁이 나서 싸우더라도 알고 보면 거의 모든 귀족이 서로 가까운 친척 사이였다고 합니다. 당시 춘추시대란 결국 주나라의 황제가 자신의 친척들을 제후국으로 만든것이었으니까요. 그래서 규칙을 정해 놓고 싸움을 했다고 하죠. 이것저것을 지키면서 싸우니 피해는 크지 않았습니다. 본격적인 전쟁의 시대가 도래한 것은 이후의 큰 변화가 일어나면서부터 입니다.

철기에 접어들면서 이야기가 완전히 달라집니다. 철기는 값이 싸기 때문에 귀족이 아닌 사람들도 무장을 할 수 있게 됩니다. 그래서 앞에서 들었던 예시를 다시 봤을 때, 100만 명 인구 중 25만 명의 성인 남성이 모두 전쟁에 참여할 수 있게 되죠. 하지만 그렇다고 해서 이 사람들이 모두 말을 탈 수 있을까요? 아니겠죠. 그러면 전쟁은 이제 누구 중심으로 변하게 될까요? 바로 보병 중심으로 변합니다. 또한 이렇게 많은 사람이 전쟁에 나갈 수 있게 된다면 귀족만 군인이 될까요? 아니죠, 이제 데모스도 군인이 될 수 있습니다. 전쟁에 참여할 수 있으니 잘 싸워 승리의 주역이 된다면 당연히 목소리도 커지겠죠. 때문에 데모스의 발언과 권리도 점차 커지게 됩니다. 그리스는 이제 귀족이 아닌 대다수 시민이 주도하는 민주주의를 이루어 낼 수 있는 기틀이 마련된 겁니다.

아테네의 탄생	솔론의 금권정치
· 노블레스(귀족)↔데모스(상공인) 갈등 · 데모스의 득세 → 솔론의 개혁	· 인신담보 금지 + 모든 부채 소멸 · 권리는 부동산에 비례 · 4계급 시민 정비 - 1,2계급 : 중무장 기병→정부요직 - 3계급 : 중무장 보병 → 행정관료 - 4계급 : 경무장 보병 → 선거권

그리스 아테네 민주정치에서 제일 대표적인 것이 솔론*의 개혁이에요. 솔론은 부유한 계급이 돈의 힘으로 지배하는 금권정치를 주장했는데, 지금 우리 입장에서 보면 전혀 개혁으로 보이지 않지

만, 그리스 시대에는 금권정치가 개혁인 겁니다. 역설적이지요. 계층별로 살펴보면 귀족에게는 세습한 신분과 권력이 있었고, 상공인에게는 권력이 없는 대신 돈이 있었죠. 이런 상황에서 금권정치는 곧 '뭐든지 돈으로 하자, 그것이 바로 민주주의다'라는 그리스 민주주의적 사고의 뼈대를 만들었습니다.

또한 금권정치의 내용을 보면 '모든 권리는 부동산에 비례한다'고 되어 있어요. 귀족 신분이라고 권리가 더 많다고 주장해서는 안 된다는 것이지요. 여기서 노예는 예외입니다. 애초에 부동산을 소유할 수 없으니 당연히 권리를 가질 수 없었지요. 하여튼 솔론이 내세운 주장의 핵심은 부동산을 소유할 수 있는 시민 이상의 계급 사이에는 계급에 의한 권리차별이 부당하다는 것입니다.

더 나아가 솔론은 소유한 토지의 면적과 수확량 등 재산에 따라 4계급으로 시민을 나누었습니다. 가장 부유한 1, 2계급(펜타코시오메딤노이/히페이스, pentakosiomedimnoi/hippeis)은 중무장 기병 등 전쟁에 참전하는 군인들로, 정부 요직을 맡았습니다. 3계급(제우기타이, zeugitai)은 중무장 보병으로 행정 관료가 될 수 있었습니다. 서민들도 행정 관료가 될 수 있게 된 거죠. 그다음 4계급(테테스, Thetes)은 재산이 없는 경무장 보병이지만 선거권을 가질 수 있었습니다. 결국 그리스

Tip 솔론(Solon, B.C. 640~560년 추정)
아테네의 시인이자 정치가로 7현인 중 한 사람이다. 권리담보를 위한 인신저당 금지법 이외에 종래의 귀족제를 없애고 시민의 소득액에 따른 징세를 부과하는 금권정치를 확립하여 민주주의의 기초를 다졌다.

군대의 중심은 숫자가 가장 많은 3, 4계급이었습니다. 이 사람들이 중심이 되어 아테네를 비롯한 고대 민주주의의 원형을 상징하는 그리스 도시국가들이 성립됩니다.

3) 스파르타의 탄생

자, 이제 아테네보다 더 흥미로운 나라를 보기로 하죠. 다음으로 우리가 살펴볼 나라는 영화 〈300〉(2014)에도 등장한 바 있는 놀랍고도 유명한 나라, 스파르타입니다.

알다시피 스파르타 시민들은 평생을 전쟁과 더불어 살아갑니다. 하지만 재밌는 건 그 전쟁의 대부분이 외부세력과의 전쟁이 아니라 내부 반란을 진압하는 전쟁이라는 것이지요. 그들에게 내부와의 싸움이 더 중요한 이유는 뭘까요? 그 이유는 스파르타의 계급구조를 보면 알 수 있습니다. 스파르타의 인구 구성비를 보면 스파르타인 1명에 상공업자 7명 노예 16명 구조로, 1:7:16의 비율을 가지고 있습니다. 주 구성원인 도리아인은 이주민이었기 때문에 숫자가 적었죠. 그런데 오히려 수적 열세에 있는 이들이 다수를 지배했습니다. 다시 말해, 몽골족이 중국을 지배하는 것과 같은 원리입니다. 소수의 몽골인이 다수의 한족을 통제하여 중국을 지배했던 것처럼, 소수의 이주민이 대다수의 원주민을 상공업자와 노예 등으로 계층을 나눠 지배하는 거죠.

그리스와 스파르타가 왜 이질적인지 이해하시겠습니까? 스파르타만 시민계급이 발전할 수 있는 틀이 없었던 거예요. 왜냐하면 민족이 다르니까요. 아테네는 원래 그리스 사람들로만 구성되어 있었던 반면에, 스파르타라는 나라는 도리아인이 철기를 들여와서 그리스의 원주민을 지배하는 나라였던 거죠. 그래서 아테네에서는 시민계급을 중심으로 한 민주주의가 꽃피우고 발전하지만, 스파르타는 민주주의를 꽃피우지 못한 거죠.

한마디로 아테네는 상업에 종사하는 다수의 시민이 정치에 참여하는 민주주의를 스파르타는 소수의 이민족이 무력을 기반으로 하는 군부독재를 만든 것이지요.

그 밖에도 아테네와 스파르타 군대 사이에 커다란 차이가 존재합니다. 간단히 말해서 아테네는 해군이 강했고, 스파르타는 육군이 강했습니다. 그 이유는 두 나라의 지형적 특성과 밀접한 관련을 이 있습니다. 간단한 그림을 보면서 그 차이를 이야기하겠습니다.

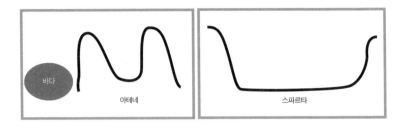

아테네

바다

스파르타

스파르타는 평지인 반면에 아테네는 평지가 없어서 농사지을 땅이 없었어요. 먹고살기 위해서는 장사를 해야 했죠. 그리고 그 장사를 위해서는 지중해로 나가야 했습니다. 배를 만들고 배를 조련하는 기술이 필요했겠죠. 이 과정을 통해 해군의 힘이 자연스럽게 강화되었습니다.

반면에 스파르타는 비옥한 평야가 많아 농사를 짓고 살았습니다. 때문에 스파르타는 해군보다는 육군의 힘이 셌습니다. 이렇게 육군이 강한 스파르타에서는 남자는 물론 여자들도 어렸을 때부터 군사훈련을 받았어요. 남자들이 외부에 나가서 싸울 때 내부에서 반란이 일어나면 여자들이 나서죠. 일례로 영화 〈300〉을 보면 스파르타의 왕(Leonidas, 이하 레오니다스)이 전쟁에 출정하자마자 의원들이 페르시아에 매수당하여 파병 요청을 거부합니다. 이때 이를 진압한 것은 누구였을까요? 바로 레오니다스의 부인입니다. 이렇듯 스파르타는 여성이라고 얕보면 큰 코 다치는 사회였습니다.

스파르타는 혹독한 훈련을 통해 강인한 군사를 길러 내야 했습니다. 그 이유는 바로 이런 내부 반란을 진압해야 했기 때문입니다. 스파르타인에게 군사적 호전성은 사회를 유지하기 위한 기본 조건이었던 겁니다. 그 대단했던 몽골인들도 호전성을 잃어버리는 순간, 중국을 지배할 수가 없게 되잖아요. 스파르타도 마찬가지였던 것이지요.

그리고 스파르타에는 우리가 눈여겨볼 인물이 있습니다. 아테네에 솔론이 있었다면, 스파르타에는 리쿠르고스*라는 사람이 있었죠. 리쿠르고스는 스파르타의 전설적인 입법자로 알려져 있는데, 그는 기가 막힌 토지 개혁을 실행합니다. 무상몰수 후 균등분배, 즉 모두 빼앗아서 똑같이 나눠 주는 거죠. 지배계급 내의 불평등 발생을 아예 차단하고자 했던 겁니다. 그래야 지배계급이 일치단결해서 다수의 피지배계급을 지배할 수 있다고 본 겁니다. 스파르타는 특이하게 별다른 유적이 없어요. 왜일까요? 검소했기 때문입니다. 근검, 검소, 검약 같은 것을 강조하다 보니까 생긴 일입니다. 어느 정도냐면 화폐개혁을 하는데, 금화를 폐지하고 철화를 유통하기로 합니다.

철화로 유통했을 때 어떤 일이 벌어질까요? 금화를 쓰면 소지가 용이하니까 거래도 활발하겠죠. 그런데 철은 흔하다고 했죠? 그래서 철을 가치 있게 만들려면 크기가 커질 수밖에 없습니다. 금과 같

Tip 리쿠르고스(Lykurgos, , B.C. 390~324 추정)
B.C. 7세기경에 활동한 스파르타의 입법자로 그의 입법은 매우 엄격했다고 전해진다. 고대 스파르타의 대부분의 법을 제정했다고 전해지지만, 실존인물인지 아닌지, 또 실존인물이라면 어떤 제도를 기초했는지는 아직 확실하지 않다.

은 가치를 가지려면 철의 양이 엄청 늘어날 수밖에 없을 겁니다. 그 당시에는 명목 화폐가 없고 다 실물 화폐였거든요. 따라서 거래를 하려면 엄청 무겁고 큰 쇳덩어리를 들고 나가야 하니까 천하장사가 아닌 일반 사람이 큰 거래를 하는 것은 참 어려운 일이었을 겁니다.

상상해 보세요. 남편이 "여보, 토끼 가죽 사 가지고 올게"라고 하면 아내가 "혼자서 되겠어요?" 물을 수 밖에 없고 그러면 다시 남편은 "아니, 아들하고 같이 가야지"라며 무거운 철을 들고 시장에 가는 거예요. 온 가족이 쇳덩어리를 들고 가서 토끼 가죽을 사고, 만일 다음 날 남편이 "사슴 가죽 사 와야지"라고 한다면 "여보, 그러다 죽어요!"라는 말이 저절로 나오게 되는 거죠. 기가 막히죠? 그러니 누가 돈을 모아 두고 싶겠어요? 화폐 축적 동기가 없는 거예요. 이렇듯 스파르타는 지금 세상에서는 우리가 상상하기 힘든 굉장한 나라였다고 할 수 있습니다.

4) 그리스의 전법 : 팔랑크스

당시 그리스 군대의 특징은 첫째, 기병 중심이 아니라 보병 중심의 군대였다는 것입니다. 그리스 군대에는 기병이 별로 없습니다. 이유는 간단합니다. 기병이 나오려면 말이 뜯어 먹을 풀이 있는 초원지대가 있어야 합니다. 그런데 그리스에는 초원지대가 없어요. 그렇기 때문에 그리스의 기병은 초원이 있는 마케도니아에서 등장합니다. 알렉산더 대왕*이 등장할 즈음이 되어서야 본격적인 기병전투가 이루어지죠.

둘째, 화살을 쏘는 궁병이 없습니다. 일반적으로 군대에는 궁병과 보병, 기병이 있습니다. 이론상 궁병 · 보병 · 기병의 먹이사슬 관계를 보면, 궁병과 기병이 싸우면 궁병이 이깁니다. 기병이 말 타고 오는데 궁병이 멀리서 화살을 쏘면 버틸 수가 없죠. 사람이 피하더라도 말이 화살에 맞는다면 기병은 곧 무력화 될 수밖에 없습니다. 기병은 보병을 잡습니다. 기병이 말 타고 와서 공격하면 보병이 당해 낼 수가 없죠. 거꾸로 궁병은 누가 잡겠어요? 방패를 들고 있는 보병이 잡습니다. 방패는 창뿐만 아니라 적의 화살도 막아 주는 역할을 합니다.

Tip 알렉산더 대왕(Alexander the Great, 재위 B.C. 336~323)
알렉산더 대왕(알렉산드리아 3세)은 마케도니아의 왕으로 영어식 별칭 알렉산더 대왕 (Alexander the Great)으로 더 잘 알려져 있는 인물이다. 그리스 · 페르시아 · 인도에 이르는 대제국을 건설하여 그리스 문화와 오리엔트 문화를 융합시킨 헬레니즘 문화를 이룩하였다. 고대 그리스 역사상 가장 넓은 영토를 개척한 선구자다.

〈삼국지〉(2008) 같은 영화를 보면 갑옷을 입은 장수가 화살이 날아오면 '으악!' 하고 맞아 죽잖아요? 이건 아마 갑옷의 기능을 제대로 모르는 사람이 연출한 걸 거예요. 화살을 맞고 죽으려면 갑옷을 왜 입겠어요? 돌멩이나 표창을 막으려고 입는 걸까요? 아니죠. 갑옷은 화살을 막기 위해 입는 거예요. 화살은 갑옷을 뚫기 위해 점점 강해졌지만 갑옷도 마찬가지죠. 갑옷의 기본적인 기능은 화살로부터 군인을 보호하는 것입니다. 때문에 갑옷에 방패까지 모두 갖추고 있는 보병의 경우, 궁병이 쏘는 화살에 죽을 일은 거의 없습니다. 화살을 모두 막아 내는 보병을 만난 궁병은 그야말로 고양이 앞에 쥐 신세가 되는 것이지요.

이렇듯 궁병과 보병, 기병은 서로 물고 물리는 관계에 있어 보통은 각각의 군대를 어디에 어떻게 배치하느냐 하는 전략 싸움이 전쟁을 좌우합니다. 하지만 예외의 경우도 있었으니 바로 그리스입니다. 그리스군에는 보병만 존재했습니다. 지형적으로 말을 키울 초원이 없으니 기병이 없고, 기병이 없으니 기병 잡을 궁병도 없었죠. 자연스럽게 보병만 남게 됩니다. 이 보병만으로 그리스는 페르시아와 전쟁을 치르게 되죠. 이때 페르시아 장군은 보병뿐인 그리스군을 보고 비웃습니다. 페르시아는 그리스군을 '무슨 군대가 기병과 궁병이 없고 보병만 있어? 진짜 단순 무식한 군대구나'라고 평가한 거죠. 이 평가는 틀린 것은 아니지만 한편으로는 상대를 얕보고 자만하는 실수가 될 수 있지요. 이와 관련해서는 결과와 함께 뒤에서 천천히 살펴보기로 합시다.

다시 군에 대해 이야기해 보자면 만약 그리스처럼 군대에 보병만 있는 경우에 그 보병은 분명히 엄청 강해야 할 겁니다. 그렇다면 보병을 강화시킬 방법은 무엇이 있을까요? 방법을 알아보려면 일단 보병의 무기부터 살펴보는 게 좋겠네요. 보병은 칼이나 창을 가지고 싸웁니다. 그래서 보병끼리 싸운다고 했을 때 칼을 든 쪽과 창을 든 쪽 중 어느 쪽이 이길지 생각해 보면, 아무래도 길이가 긴 창이 유리합니다. 그렇다면 칼이 창을 이길 수 있는 방법은 없을까요? 있습니다. 창이 들어올 때 피했다가 옆으로 돌아가서 찌르면 됩니다.

반대로 창을 가진 입장에서, 칼이 창을 피해 옆에서 공격하지 못하게 하는 방법은 뭐가 있을까요? 간단합니다. 창의 수를 늘리는 거예요. 창 여러 개가 한꺼번에 쭉 나가면 칼 가진 쪽에서 피할 방법이 없잖아요. 쉽게 말해서 1:1로 칼 가진 군인과 창 가진 군인이 싸우면 해 볼 만하지만, 10:10으로 싸우면 창을 가진 쪽이 이기는 거죠. 창이 훨씬 기니까 접근할 방법이 없잖아요. 그래서 그리스 전법은 창을 가진 군인들이 일렬로 서서 싸우는 거예요. 창은 점차 길어지겠죠. 그런데 무거운 창은 때로 갑옷도 뚫을 수 있습니다. 안 죽으려면 방패로 막아야죠. 그래서 그리스 군대가 한 손에는 방패, 한 손에는 창을 들고 있는 거예요.

다음에 등장하는 그림이 바로 그 유명한 그리스의 팔랑크스 (Phalanx, 고대 그리스의 보병 방진)라는 진법입니다. 오른손에는 창, 왼손에는 방패를 들고 여러 명이 대열을 이뤄 가는 거예요. 굉장한 밀집대형이죠? 자, 내가 오른손으로 공격용 창을 들고 왼손으로는 방패를 들고 있다고 생각해 보세요. 내 몸의 약점은 왼쪽일까요, 오른쪽일까요? 왼쪽은 방패로 막고 있으니, 당연히 창을 들고 있는 오른쪽이 약점이 됩니다. 하지만 이 약점은 보완이 됩니다. 방패의 크기를 보면 어떻습니까? 굉장히 크죠? 옆 사람 큰 방패가 내 오른쪽을 막아 줍니다. 즉 서로의 약점을 방어해 주는 거죠.

그래서 그리스 군대에서 가장 중요한 것이 바로 단결력입니다. 다르게 말하면 신뢰죠. 그리스 군대의 또 다른 특징은 군대장도 대열 안에 병사들과 함께 서 있다는 것입니다. 대장 역시 구성원 중 한 명에 불과해요. 그러니 대장도 옆에 서 있는 졸병의 보호를 받는 것입니다. 모두가 평등한 위치에서 옆의 동료를 신뢰하며 싸워 나가죠.

팔랑크스 진형을 자세히 살펴보면, 앞줄부터 뒷줄까지가 16줄입니다. 또한 창의 높이가 각각 다릅니다. 앞줄은 창을 앞으로 뻗고, 뒷줄은 수직에서 약간 기울어져 있습니다. 싸울 때 줄의 순서대로 들고 있던 창을 곧장 앞으로 내려 싸우기 때문이지요.

그런데 실제로 전투를 하다 보면 이쪽뿐만 아니라 저쪽도 똑같은 팔랑크스 대형으로 들어오겠죠? 마주하고 있던 두 진영이 전진해서 부딪치는 순간 서로를 향해 툭툭 찌르겠죠. 그래서 창이 긴 쪽이 더 유리합니다. 그렇다고 너무 길면 무거워서 창을 들지 못하겠죠. 창이 길어질수록 훈련을 많이 받아야 합니다. 이렇게 서로를 툭툭 찌르고 방패로 막는 거죠. 당시 군대가 전쟁하는 모습은 사실 우

고대 그리스의 보병 방진 팔랑크스

리가 영화에서 보는 것처럼 칼을 들고 멋있게 싸우는 것이 아니라, 전진해서 찌르고 막는 겁니다.

그런데 이런 방식으로 몇 시간이나 싸울 수 있을까요? 사실 이런 식의 전투에서 가장 중요한 것은 체력입니다. 한마디로 체력전이라는 말이지요. 그도 그럴 것이 갑옷의 무게만 해도 30kg입니다. 고대 그리스 사람들은 영양 상태가 좋지 않아서 지금처럼 키가 크지 않았어요. 단신의 군인들이 30kg짜리 갑옷을 입고 무거운 창을 들고 어느 정도 거리를 두고 찌릅니다.

처음에 창을 찌르면 방패로 막을 수 있겠죠? 상대방 방패 위에 계속 창을 찌르면 누가 이길 것 같습니까? 결국은 끝까지 방패로 방어하는 사람이 이기는 거예요. 나중에 한 사람이라도 너무 힘들어서 '아, 옆 사람에게는 좀 미안하지만 나는 살아야겠어'라고 방패를 자기 쪽으로 조금 더 기울이면 옆에 있던 병사는 찔려 죽게 됩니다. 그러면 그 옆 사람의 방어막도 순식간에 뚫리죠. 그러면 그 옆 사람도 죽는 거예요. 한 명의 사상자가 나는 순간 틈이 생기게 되고, 틈이 생기면 연쇄적으로 무너져 그 부대가 전멸하게 되는 것이죠.

전쟁이 나고 처음에는 전사자가 없어요. 전사자 없이 서로 쿵쿵 창을 찌르고 있는 거예요. 그러다 어느 한쪽에서 도저히 방패를 들 힘조차 없어지게 되면 사상자가 발생하고 전열이 흐트러지게 되고, 결국 먼저 무너진 그 한쪽이 전멸하는 거예요. 이런 전쟁의 끝은 보통 승리한 쪽의 사상자가 극도로 적은 반면, 패배한 쪽은 모두 전멸하고 맙니다. 바로 이것이 그리스의 전쟁입니다.

5) 팔랑크스의 치명적인 약점

그리스의 팔랑크스 전법에는 몇 가지 약점이 있습니다. 우선 팔랑크스는 공성전을 못합니다. 우르르 몰려가서 창으로 성벽을 찌른다고 성이 무너지는 것은 아닐 테니까요. 치명적인 약점이지요. 그렇다면, 팔랑크스 전법을 사용하는 적을 대항할 때는 공성전이 무조건 답이 될 수 있지 않을까요?

하지만 공성전이 무조건 좋은 것만도 아닙니다. 식량부족이나 전염병, 사기 저하 등의 위험성이 있지요. 그렇다면 반대로 성을 함락시키는 방법은 무엇이 있을까요? 이 당시 공성전의 전법은 딱 하나입니다. 성을 포위하고, 굶어 죽거나 항복하고 나올 때까지 기다리는 겁니다. '굶어 죽을래, 나올래?' 하고 기다리는 겁니다. 성 안에 식량이 떨어져 배고파서 나오면 그때 공격하는 것입니다.

팔랑크스의 두 번째 약점은 전진공격밖에 못한다는 것입니다. 팔랑크스 그림을 보면 1열, 2열, 3열, 4열… 16열로 서서 창을 앞으로 쭉 내리고 있습니다. 앞에 있으면 너무 무섭지만, 옆에 있으면 무섭지 않아요. 그리고 뒤에서 보면 너무 웃겨요. 팔랑크스는 창을 들고 방패를 들고 앞으로 전진하는 것밖에 못해요.

공격하면서 앞으로 전진하지만 옆에서 찌르면 막을 방법이 없어요. 그래서 팔랑크스는 측면과 후방이 치명적이에요. 전면 공격은 막강하지만 측면과 후방은 취약한 거죠.

팔랑크스의 세 번째 약점은 정말 치명적입니다. 그리스에서 통하지만 다른 지역, 다른 지형에서는 통하지 않습니다. 왜 그럴까요? 창병이기 때문입니다. 그리스는 평야니까 이런 전법으로 싸울 수 있어요. 하지만 우리나라에서 저런 전법을 본 적이 있습니까? 못 봤죠? 우리나라는 산악지대가 많잖아요. 팔랑크스가 산악지대에서 전진한다고 생각해 보세요. 중간에 나무가 있고, 오르막이 있고 내리막이 있는데 어떻게 전진합니까? 산악지형에서는 대형이 흐트러지고 힘을 못 씁니다. 그래서 나중에 로마 군대에게 박살이 납니다. 로마 군대는 칼과 방패를 가지고 싸웁니다. 지형이 다르니까요. 그래서 그리스와 싸우면서 산악지형으로 그리스 부대를 끌고 오는 거예요. 산을 올라갔다 내려갔다 하면서 나무가 가로막으면 팔랑크스 대열이 흩어지고, 그때 뛰어 들어가서 방패로 창을 막으면서 가까이 붙어 싸운다면 이기죠. 좁고 가까운 곳에서는 창이 효과적이지 않잖아요. 정리하자면 팔랑크스는 공성전을 못하고, 측면과 후면이 약하고, 평야지대에서만 활용할 수 있는 등 여러 제약을 가지고 있습니다. 하지만 분명한 사실은 정면공격만큼은 엄청나게 막강하다는 것입니다.

B.C. 492년 페르시아가 그리스에 쳐들어옵니다. 당시 그리스는 도시국가로 이루어져 있었는데, 아테네와 스파르타의 주도로 페르시아의 침입을 막고 승리를 거둡니다.

자, 그럼 이제 공공의 적을 물리친 두 나라의 사이는 어떻게 되었을까요? 더 좋아졌을까요? 아뇨, 더 나빠졌습니다. 물과 기름처럼 성격이 달랐던 아테네와 스파르타는 페르시아를 물리치자마자 적으로 돌아서게 되고, 각각 델로스 동맹*과 펠레폰네소스 동맹을 맺어 서로를 견제하기 시작합니다. 그리고 끝내 아테네와 스파르타 사이에 전쟁이 일어납니다. 그 전쟁이 바로 유명한 펠로폰네소

Tip 델로스 동맹(Delian League)
기원전 478년에 아테네가 페르시아의 침략에 대비하여 에게해 일대의 여러 나라와 맺은 해상 동맹을 말한다. 이후 델로스 동맹이 아테네의 패권 확장에 이용되자 스파르타의 반감을 불러일으켜 펠로폰네소스 전쟁으로 발전하게 된다.

스 전쟁입니다. 이 펠로폰네소스 전쟁이 일어났을 때 사람들은 어느 쪽이 승리할 거라고 예상했을까요? 당연히 국력과 부가 앞섰던 아테네가 승리할 거라고 생각했을 겁니다.

아마 아테네도 같은 생각이었을 겁니다. 다만 아테네가 걱정하는 부분은 스파르타가 육군이 더 세다는 것이었죠. 게다가 아테네는 스파르타의 육군을 막을 성도 없었습니다. 성이 없는 이유는 페르시아 전쟁 때문이었습니다. 살라미스 해전 당시 아테네는 모든 것이 파괴되었지요. 이후 아테네는 성벽을 재건하려 했으나, 스파르타가 동맹의 조건으로 성의 재건을 막았기에 실행하지 못하고 있었습니다.

그런데 이제 둘 사이가 완전히 나빠졌어요. 이런 상황에서 아테네는 어떤 행동을 했을까요? 몰래 성을 쌓았습니다. 그 성안에 온갖 음식과 물자를 차곡차곡 비축하기 시작합니다. 아테네는 해군이 강한 데다가 무역을 했잖아요. 주변에 동맹국도 많고 물자도 많죠. 아테네는 스파르타가 육군을 몰고 와서 성을 포위하겠지만, 잘 버텨 내기만 하면 된다고 판단했어요. 스파르타는 물자가 적고, 아테네에는 각국에서 응원군과 지원물자가 오기 때문에 결국 스파르타가 궤멸될 거라 자신했습니다. 대다수의 사람들 또한 그렇게 생각했죠.

어느 날 아침, 아테네에 성곽이 지어져 있는 거예요. 스파르타 측에서는 엄청나게 화가 났죠. 그리고 전쟁이 시작됩니다. 스파르타는 죽을 각오를 하고 아테네 성을 공격해 옵니다. 팔랑크스가 오는 겁니다. 아테네는 속으로 비웃었죠. 팔랑크스는 공성에는 취약하니까요. 게다가 성안에 엄청나게 많은 식량과 자원을 미리 준비해 두었거든요. 그래서 자신만만하게 "아테네 모든 시민이여, 성안으로 들어오라. 모두가 충분히 머무를 수 있다"라고 여유를 부립니다.

그런데 이 전쟁은 외외로 스파르타가 승리합니다. 왜일까요? 견고한 성을 무너뜨린 것은 전염병이었다고 합니다. 성안에 너무 많은 사람이 들어와서 장기 체류를 하다 보니까 전염병이 돈 거예요. 이 당시에는 지나친 인구 밀집이 전염병을 불러올 수 있다는 것을 잘 몰랐던 것이지요. 스파르타는 자신들이 승리를 전혀 예상하지 못한 채 성 밖에서 지키고 있었습니다. 그런데 아테네가 갑자기 스스로 백기를 들고 항복한 거예요. 역사는 그래서 재미있습니다. 그렇게 스파르타가 패권을 차지하게 됩니다.

2
다리우스 왕을 분노하게 한 이오니아의 반란

1) 페르시아 제국의 발흥

자, 지도부터 한번 보겠습니다. 그리스를 제외한 분홍색 표시 구간이 전부 페르시아 제국입니다. 페르시아가 이집트까지 모두

페르시아 제국

차지하고 나니, 마지막으로 탐나는 것이 딱 하나 남았습니다. 바로 지중해 해상권입니다. 지중해 해상권을 장악하겠다는 일념 하나로 드디어 군대를 동원합니다.

영화 〈300〉을 보면 페르시아가 야만족으로 보이지만, 당시 문명 수준에서 페르시아가 봤을 때는 그리스가 야만인이죠. 그래서 야만인들을 정복하기 위해 전쟁을 벌입니다. 그리스인들은 이에 맞서기 위해 스파르타와 동맹을 맺었고요.

당시 페르시아의 중심은 지금의 이란입니다. 1982년에 이란의 수도 테헤란에서 아시안 게임을 하는데, 이때 마라톤 경기가 없었습니다. 그 이유는 마라톤 전투*때문입니다. 이란의 조상 페르시아가 마라톤 전투에서 그리스에게 지거든요. 자기 조상들이 진 것을 기념하는 마라톤 대회를 개최할 리 없겠죠. 그래서 이란에는 마라톤 선수가 없습니다.

어쨌든 페르시아 전쟁을 시작할 당시, 페르시아는 지중해 주변의 많은 지역을 장악하고 있는 제국이었고 그리스는 변방의 도시국가였습니다. 페르시아 입장에서 볼 때 정말 귀염둥이 같은 나라였죠. 이런 일도 있었어요. 페르시아의 지방관이 그리스와 싸우다 도망 나와서 페르시아의 봉건제후에게 "그리스라는 나라가 우리를

Tip 마라톤 전투(war of Marathon)
기원전 490년 제2차 그리스-페르시아 전쟁 당시 아테네의 칼리마코스와 밀티아데스가 지휘하는 아테네군이 마라톤 평원에서 페르시아군을 무찌른 전투로, 이 전투에서 올림픽 경기의 마라톤 경주가 유래되었다.

괴롭히니까 어떻게 좀 해결해 주세요"라고 했어요. 그러자 페르시아의 봉건제후가 "그리스가 어디 붙어 있는데?"하고 물었죠.

그리스는 페르시아 왕이 알기에는 변방인 거죠. 그런데 페르시아가 세계로 뻗어 나가다 보니까 그리스까지 먹고 싶은 마음이 생긴 것입니다. 지중해 해상 무역권이 욕심난 거죠. 그래서 페르시아는 지중해 해상권을 차지하기 위해서 1차, 2차, 3차에 걸쳐 그리스 공격을 감행합니다.

2) 1차 페르시아 전쟁

1차 페르시아 전쟁은 B.C. 492년에 일어납니다. 지중해 이오니아 지방에서 이오니아가 페르시아에 반란을 일으킨 게 그 시작이었습니다. 이오니아의 반란에 페르시아의 다리우스 1세는 단단히 화가 났습니다. 당장 가서 반란군들을 진압하라고 했겠죠? 이오니아 반란군을 진압하면서 '동맹이 누구야, 배후세력이 누구지?' 하고 보니까 귀염둥이 아테네인 거예요. 그래서 반란을 일으킨 이오니아의 배후세력도 용서할 수 없다는 이유로 아테네로 쳐들어갑니다.

페르시아에서 아테네로 쳐들어가려면 바다를 건너는 방법밖에는 없습니다. 그래서 페르시아는 60척에 달하는 대선단을 구성합니다. 그런데 당시에는 페르시아에서 바다를 건너 곧장 아테네로 갈 수 없었어요.

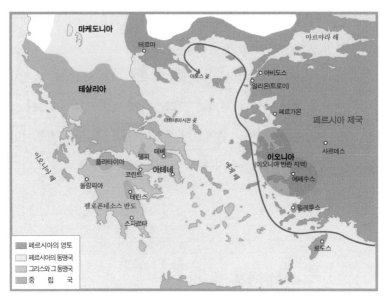

1차 페르시아 전쟁 당시 페르시아군의 침입로

왜 못 갈까요? 이 당시 배는 갤리선이라고 불린, 노를 젓는 배입니다. 돛이나 증기기관을 이용한 추진 방식이 아닌, 순전히 사람의 힘으로 나아가는 배입니다. 또한 이러한 종류의 배는 많은 제약이 뒤따랐습니다. 일례로 노 젓는 배는 밤에 항해할 수 없었습니다. 위험부담이 너무 크기 때문이었죠. 지금처럼 등대나 레이더가 있는 것이 아니어서 방향을 잡거나 암초를 찾아내기가 어려웠습니다.

사실 낮에 항해한다는 것도 쉬운 일이 아니었어요. 나침반도 없고 항해기술도 발달하지 않았기 때문이죠. 아무것도 없이 배를 타고 바다를 항해한다고 상상해 보세요. 바다 한가운데서 사방이 수

평선이면 내가 어디에 있는지 모릅니다. 또 어디로 가야 될지 모르죠. 지금 어디 있는지도 모르는데, 아테네로 가려면 어느 방향으로 가야 하는지 알 수 있을까요?

그래서 항상 한쪽에 육지가 보여야 되는 거예요. '여기에 초가집이 있다. 교회가 나오고, 성당이 나오고, 절이 나온다. 그러니 우리가 어디쯤 가고 있구나'를 알 수 있어야 하죠. 그래서 이 당시 배들은 사방이 바다인 곳으로는 가지 않고 해안가를 따라서만 갔어요. 그러니까 아침에 정박해 있던 항구에서 출발해서 해안가를 따라가다가 저녁에 다른 곳에 도착해서 숙박을 하고, 다음 날 날이 밝으면 또 해안가를 따라가는 것이 당시 항해법의 한계였습니다.

페르시아 군대는 어떻게 아테네로 갔을까요? 앞에 나온 지도의 붉은 선처럼 육지를 따라 돌고 돌아서 갑니다. 아테네 입장에서는 페르시아 대군이 아테네를 향해서 오니까 당연히 겁을 먹었겠죠? 어떻게 할까 잔뜩 긴장하고 있는데, 아무 일도 일어나지 않습니다. 페르시아군이 오다가 아토즈곶에서 풍랑으로 궤멸하거든요. 두 나라 간에 전쟁이 발발했으나 결과적으로는 아무 일도 없이 끝난 전쟁이 바로 1차 페르시아 전쟁입니다.

3
–
밀티아데스 장군의 빛나는 두뇌, 전략의 승리

1) 페르시아 군대의 2차 침공

기원전 480년, 드디어 페르시아가 또 한 번 그리스를 향해 진격합니다. 하지만 아토즈곶의 풍랑에 당해 본 경험이 있는 페르시아는 같은 길로는 갈 엄두를 내지 못합니다. 그래서 다른 길을 찾다 보니 아테네로 가는 길목에 있는 섬들을 생각해 냅니다. 굳이 해안가를 따라 멀리 돌아갈 필요 없이 섬과 섬을 따라 방향을 잡아 가면 되겠다는 생각을 합니다.

그래서 1차 침공 때 갔던 해안가로 구불구불 돌아가는 것이 아니라 섬과 섬을 교두보 삼아 바다를 가로질러서 아테네로 들어오는 겁니다. 2만 5천 명의 페르시아 군대가 배를 타고 들어오는 겁니다. 이 사실을 안 그리스 사람들은 그야말로 멘붕에 빠졌습니다. 페르시아군에 함락당할 위기에 처했으니까요.

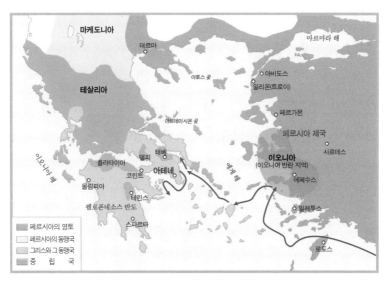

2차 페르시아 전쟁 당시 페르시아군의 침입로

이 위기를 벗어나기 위해 그리스는 주변 도시와 힘을 합치기로 합니다. 이 동맹이 바로 델로스 동맹입니다.

이렇듯 그리스가 페르시아에 대항하기 위해 동맹군을 준비하는 동안 2만 5천 명의 군사를 태운 페르시아의 배는 그리스를 향해 진격해 옵니다. 그리스는 이에 대응하기 위해 군을 모으죠. 이때 그리스와 동맹을 맺은 스파르타 군대가 늦게 도착합니다. 그래서 그리스는 스파르타가 도착하기 전에 아테네 주변에 있던 모든 병력을 마라톤에 집결시킵니다. 페르시아 군대가 마라톤에 상륙해 아테네로 쳐들어올 것을 예상했기 때문이죠.

다음 장의 지도를 보면 아테네와 마라톤의 위치가 나타나 있습니다. 마라톤은 아테네와 상당히 가까이 있죠? 바로 이곳에서 2차 페르시아 전쟁에서 가장 유명한 마라톤 전투가 벌어집니다. 아테네 군의 숫자는 전부 합하여 9,000여 명이었습니다. 반면 페르시아 군대는 2만 5천 명에 육박했죠. 당시 전쟁에서 전력을 평가하는 가장 기본적인 기준은 머릿수였습니다. 이번 전쟁에서 그리스는 누가 봐도 불리해 보였죠. 그런데 반전이 일어납니다. 수적인 열세에도 불구하고 그리스가 페르시아 군대를 멋지게 물리쳐 버린 것이죠.

그리스는 어떻게 페르시아를 이길 수 있었을까요? 당시 페르시아군은 수적으로 강세였을 뿐 아니라 군대를 둘로 나누는 전략으로 그리스를 최대로 압박합니다. 마라톤에 그리스 군대가 모여 있다는 것을 알고 2만 5천의 군대를 나누어 1만의 군대는 직접 아테

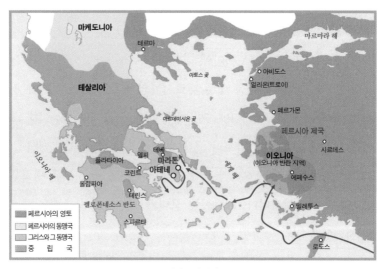

마라톤의 위치

네로 보내고 나머지 1만 5천의 군대는 마라톤에 상륙시킵니다. 마라톤에 집결해 있던 그리스군은 마라톤에서 마주한 1만 5천 명의 페르시아 정예병에 한번, 별도로 편성된 페르시아군이 아테네를 공격한다는 것에 다시 놀라고 말죠.

이 같은 상황에서 그리스가 할 수 있는 최후의 전략은 무엇이었을까요? 아테네를 지키러 돌아갈까요, 아니면 그대로 마라톤에 남아 있어야 할까요? 그대로 있다가는 텅 빈 아테네가 곧바로 페르시아 수중에 들어가겠죠? 바로 돌아가야 합니다. 돌아가려고 하는데 앞에 페르시아 군대 1만 5천 명이 딱 가로막고 있는 거죠. 당시 그리스가 얼마나 위험한 상황에 처해 있었는지 짐작이 가시나요? 그리스 군대는 9,000명인데, 눈앞에 있는 거의 두 배 가까운 적을 물리친 뒤 아테네로 가서 다시 1만 명과 싸워야 하는 상태가 된 거예요. 그것도 아테네가 함락당하기 전에 말이죠.

이 불가능에 가까운 일을 그리스는 성공할 수 있을까요? 결과부터 말씀드리면 그 어려운 일을 그리스는 해냅니다. 그래서 전쟁은 재미있습니다. 자, 어떻게 이 일을 해냈는지 한번 보겠습니다.

2) 밀티아데스의 뛰어난 전략, 마라톤 전투

이때 그리스의 병력을 지휘하던 사람은 유능한 장군인 밀티아데스(Miltiades, B.C. 554~489 추정)였습니다. 페르시아는 다리우스 1세

(Darius I, 고대 페르시아를 세계 최대의 제국으로 발전시킨 왕)의 조카인 아르타페르네스와 다티스 장군이 지휘하고 있죠. 병력을 보면 그리스는 보병 1만 명, 페르시아는 보병 2만 5천 명에 기병 1,000명이 있었습니다. 재미있는 것은 그리스는 보병밖에 없다고 했죠? 보병밖에 없는 군대라니 페르시아군 입장에서는 우습다고 여길 수밖에 없었습니다. 페르시아는 보병 잡는 기병뿐만 아니라 궁병도 있었으니까요.

게다가 곰곰 생각해 보면 팔랑크스가 창을 세우고 앞으로 걸어가는 거라고 했잖아요. 정면은 굉장히 강하지만 측면과 후면이 약하다는 치명적인 약점이 있잖아요. 측면이 뚫리면 지는 겁니다. 그러니 페르시아 입장에서는 가볍게 해치울 수 있을 것으로 보였죠.

만약 여러분이 페르시아 장군이라면 전술을 어떻게 짜겠습니까? 간단하죠. 앞에 보병을 세우고 옆에 기병을 배치하겠죠. 아테네군은 빠를 것 같지도 않습니다. 갑옷이 무겁거든요. 그러니 앞에 보병, 옆에 기병을 배치해서 그리스 보병이 앞으로 전진할 때 보병 잡는 기병들이 말을 타고 빠르게 움직여 옆을 치면 끝나는 게임이었죠. 그러니까 페르시아 입장에서는 '이건 전쟁도 아니네. 귀여운 게임인 걸' 하고 생각합니다.

이번엔 반대로 그리스군의 입장이 되어 볼까요? 만약 여러분이 그리스의 밀티아데스 장군이라면 어떤 전략을 세우겠습니까? 페르시아는 가운데 보병이 있고, 양쪽에 기병이 있다고 했죠? 이때의

마라톤 전투의 결과		
	그리스	페르시아
병력	보병 1만	보병 2만 5천 명 기병 1,000명
지휘	밀티아데스	다리우스 1세
결과	192명 전사	6,400명 전사

전략은, 어쨌든 페르시아 보병을 무너뜨리는 것입니다. 보병끼리 정면으로 맞닥뜨리면 팔랑크스가 이기니까요. 팔랑크스의 장점은 수많은 전투를 통해서 전투력이 상승해 있다는 겁니다. 전면은 엄청 강하잖아요. 그러니 페르시아 기병에게 옆이 뚫리기 전에 빨리 상대방 보병을 밀어붙이면 되는 거예요.

그것을 밀티아데스가 모를 리 없죠. 그러면 어떻게 전법을 짤까요? 아주 간단하죠. 팔랑크스의 8열을 4열로 줄이는 겁니다. 그러면 길이가 두 배로 길어지죠? 그러면 상대방 기병이 돌아서 측면을 공격할 때 거리가 멀어집니다. 그 사이에 페르시아 보병을 밀어붙이면 되죠. 어쨌든 정면 싸움에서는 매우 강하니까요.

특히 이 당시 페르시아 보병들 중에는 갑옷을 입지 않은 보병도 많았습니다. 빠르게 움직이려고요. 그리스는 중갑기병이잖아요. 정면으로 붙을 때에는 누가 더 강하게 밀어붙이는가가 중요하죠. 그러니까 두텁게 서야 하는 거예요. 두텁게 서서 창을 내리고 전진합니다. 앞에서 봤던 팔랑크스 그림 생각나시죠? 내 뒤에도 사람이 창을 내리고 있다고 생각해 보세요. 그 뒷사람도 창을 내리니까 창이 또 있겠죠. 그러면 내 것까지 창이 3중이 되는 겁니다. 그런데 왜 8줄이 필요할까요? 앞사람이 죽을 수 있잖아요. 앞사람이 쓰러지면 곧바로 그 뒷사람 창이 앞으로 나오는 거죠. 또 뚫리면 그다음 사람의 창이 나오는 거고. 무슨 말인지 정리되시죠? 따라서 그리스의 도시국가들끼리 싸울 때는 절대 밀리지 않을 강한 맷집이 필요합니다. 견고한 8줄을 만들어야 하는 거죠.

그런데 페르시아하고 싸울 때는 8줄이나 서 있을 필요가 없는 거예요. 페르시아 보병들은 그리스 보병처럼 막강한 중갑기병이 아니거든요. 앞에서도 이야기했지만 갑옷도 제대로 갖춰 입지 않

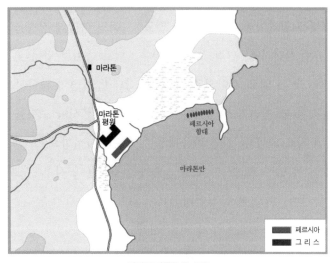

마라톤 전투(B.C. 490)

앉다고 합니다. 페르시아의 핵심 전력은 기병이었으니까요. 하지만 이 전쟁의 승패는 얼마나 보병을 빨리 무너뜨리는가에 있습니다. 밀티아데스를 전략의 천재라고 하는 이유는 팔랑크스 대형을 길게 늘린 다음에 양쪽을 조금 더 두텁게 세워 페르시아군을 완벽히 대응하죠. 간단한 그림을 통해 보면 더 이해가 쉬울 겁니다. 그림을 볼까요?

기존과 다른 팔랑크스 대열 배치(8열에서 4열로 줄임)

기존과 달리 옆으로 길게 늘어섰기 때문에 가운데는 약해지지만 기병을 저지할 수 있어서 페르시아의 보병보다는 강한 위력을 발휘합니다.

양쪽 군대 진영을 보세요. 페르시아 군대는 한 줄이 더 있죠. 보병 뒤에 궁병이 버티고 있습니다. 양쪽 보병이 쭉 걸어가다가 궁병의 사거리에 들어오는 순간 밀티아데스가 돌격 명령을 내립니다. 궁병은 안 무섭거든요. 큰 방패를 가지고 있으니까 화살을 받아 내면 됩니다. 그래서 근접거리에 닿으면 뛰는 겁니다. 당시 그리스 보병의 체력은 대단했나 봅니다. 무척 빠른 속도로 중갑을 두르고서

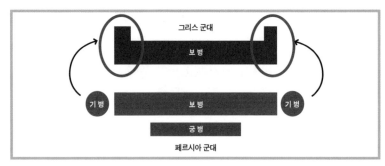

밀티아데스의 전략

도 뛰었다고 합니다. 기병이 측면으로 돌아갈 시간을 주지 않으려는 거죠. 화살은 방패 때문에 무력화되고요. 결국 그리스의 보병과 부딪친 페르시아 보병은 밀릴 수밖에 없습니다. 기병은 옆을 뚫지 못합니다. 정면이나 측면을 모두 공격당한 페르시아 보병진은 무너지기 시작합니다.

팔랑크스를 길게 펼친 밀티아데스는 양옆을 최정예군으로 배치하여 강화시키는 천재적인 전략을 짰습니다. 옆에 마라톤 전투 배치도를 보세요. 밀티아데스가 길게 보병을 늘어세워 놓았기 때문에 기병이 돌아가고 싶어도 돌아갈 데가 없죠. 강으로 막혀 있으니까요.

기병이 측면으로 들어올 것을 대비해 양옆은 두껍게 진을 치고 밀어붙여서 섬멸하는 거죠. 기가 막힌 전략이죠?

이렇게 밀티아데스가 한 번에 끝내 버린 것이 마라톤 전투입니다. 테헤란 아시안 게임에서 마라톤 경기를 하지 않았던 이유가 바

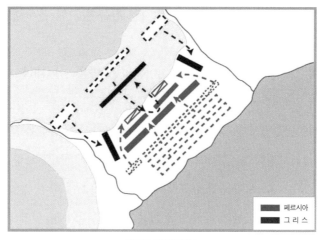

마라톤 전투 배치도

로 이 역사적 사실 때문입니다. 우스갯소리로 이란(페르시아)이 전 지구를 제패하게 되면 마라톤이라는 종목 자체가 아예 없어질지도 모르죠.

마라톤 전투에서 승리한 그리스는 승리를 자축할 새가 없었습니다. 1만 명의 페르시아 군대가 아테네로 진격하고 있었으니까요. 그래서 먼저 전령을 보냅니다. '우리가 이겼다. 조금 이따가 갈 테니까 걱정하지 마라.' 42.195킬로미터를 뛰어 그리스에 도착한 전령은 아테네에 그리스군의 승리를 전하고 숨이 차 죽고 맙니다. 흔히 알려진 대로 이 전령의 이야기는 훗날 마라톤의 기원이 되었다고 하죠. 동시에 그리스군이 아테네를 향해 뛰어오고 있었습니다. 30kg의 갑옷을 입은 9,000명의 중갑보병들은 42.195킬로미터라는 결코 가깝지 않은 그 거리를, 초인적인 힘을 발휘해 단 하루 만에 도착합니다.

한편, 아테네를 침략한 페르시아군 1만 명은 아테네를 지키는 군사가 없을 것이라고 생각했죠. 대다수의 그리스군이 마라톤에서 페르시아군 1만 5천 명하고 싸우고 있을 거라고 확신했을 겁니다. 더군다나 보병밖에 없는 보잘 것 없는 군대에게 궁병, 보병, 기병이 다 있는 페르시아군이 질 거라는 상상은 애초에 하지 않았을 겁니다. 보병은 기병한테 꼼짝도 못하는 것이 정설인데, 설마 진다는 게 말이 안 되잖아요.

그런데 아테네에 도착했더니 그리스군 9,000명이 앞을 딱 지키고 있는 거예요. 페르시아군 1만 명은 패닉 상태가 되죠. 결국 그리스는 이 전투에서도 페르시아군을 막아 냈습니다. 1차는 풍랑이 막아 주고, 2차는 놀라운 지략을 펼친 밀티아데스 장군이 막았다고 볼 수 있겠습니다.

4
–
300, 영웅의 등장과
살라미스 해전

1) 페르시아 30만 대군의 그리스 침공

그리스와의 전쟁에서 두 번 다 패배한 페르시아는 그럼에도 불구하고 더욱 강성한 나라로 발전합니다. 이때 다리우스 1세의 아들이자 진정한 절대왕정을 구축하는 인물 크세르크세스 1세(Xerxes, B. C. 519~465 추정)가 등장합니다. 크세르크세스 1세는 선정을 통해 페르시아의 내치와 번영을 이루었던, 매우 위대한 왕으로 기록된 사람입니다. 크세르크세스 1세가 등장하면서 더욱 막강해진 페르시아는 두 번의 패전을 기록한 그리스 전쟁을 떠올리게 되죠. 크세르크세스 1세는 아버지가 못 이룬 그리스 원정 성공을 위해 3년간 준비합니다. 무려 30만 명을 보내기로 하죠.

30만 명이라는 숫자는 도시국가 위주였던 그리스 입장에서는 상상도 못할 어마어마한 규모였습니다. 육군 10만 명, 해군 20만

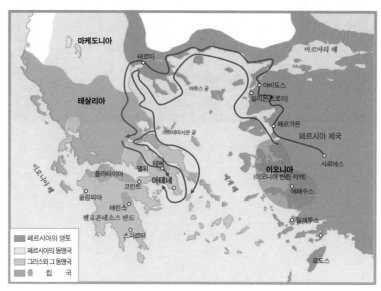

3차 페르시아 전쟁 당시 페르시아군의 침입로

명을 보내, 바다는 배로 그리고 육지는 사람으로 덮은 거죠.

3차 페르시아 전쟁 경로를 보면, 육군은 육지를 통해 빨간 선으로 표시된 경로를 타고 갑니다. 그런데 경로를 보면 중간에 육군이 해협을 건너가야 합니다. 이때 페르시아군은 해협을 건널 때 배로 가지 않고, 부교를 설치해 건너갑니다. 통나무를 잘라 엮어 다리를 만들어 해협을 건너는 것이지요. 그런데 그때 풍랑이 일어서 부교가 무너져요. 그러자 크세르크세스가 채찍을 들고 바다를 내리칩니다. "바다가 정신 못 차리고!"하면서 호통을 치죠. 믿거나 말거나 그 덕에 잔잔해진 바다를 무사히 건넙니다. 이로 인해 그리스 전역이 공포에 떨게 되죠. 10만 명의 육군이, 해협을 건너온다고 생각하면 얼마나 무서워요. 부교를 설치해서 바다를 건넌다는 것은 지금도 힘든 일인데 말이죠.

한편, 해군을 보내는 데는 무려 1,200척의 배가 동원됩니다. 지금도 1,200척이면 어마어마하죠? 그런데 당시에는 3단으로 노를 젓는 갤리선 함대거든요. 한 단에 45명, 50명, 60명이 노를 저으니까 노를 젓는 노잡이만 해도 150명 정도가 됩니다. 그리고 그 위에 전투병들이 타니까 한 배에 200명 이상이 타는 거예요. 1,200척이면 200명씩만 잡아도 대략 20만 명이죠? 얼마나 많은 군대가 동원이 됐는지 알 수 있겠지요? 이렇게 3차 페르시아 전쟁의 서막이 열립니다.

2) 테르모필레, 〈300〉의 영웅들

이때는 이미 그리스 동맹이 확고하게 맺어진 상태입니다. 아테네는 해군이 강하고, 스파르타는 육군이 강하다고 했죠? 그러면 육지에선 누가 싸워야 할까요? 스파르타가 싸워야겠죠. 바다에서는 누가 싸워야 할까요? 아테네가 싸워야겠죠.

그래서 영화 〈300〉을 통해 유명해진 스파르타의 왕 레오니다스가 나옵니다. 페르시아군이 육지로 돌아올 때, 스파르타는 협곡으로 갑니다. 협곡의 이름이 바로 테르모필레입니다. 이 협곡에 주둔

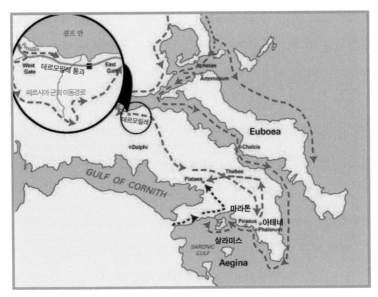

테르모필레와 살라미스로의 페르시아군 이동 경로

해 있던 레오니다스의 군대와 페르시아군이 맞붙습니다. 당시 그
리스군의 총 병력은 7,000명이었는데, 그중에서 최정예 부대가 스
파르타 군대였습니다. 그리고 거기서도 최정예로 손꼽히는 300명
이 있었습니다. 이 부대의 구성원들은 실력도 실력이지만 싸우다
죽을 경우를 대비해 상속까지 마친 사람들이라는 점에서 더욱 무
시무시합니다. 이렇듯 목숨을 바칠 각오를 한 사람 300명이 모인
군대이니 얼마나 강할까요? 정예부대는 협곡이라는 유리한 지형에
서 기다렸다가 페르시아군에 용기로 맞섭니다.

'협곡'하니까 생각나는 전투가 하나 있어 잠시 이야기하고 넘어갈게요. 임진왜란 당시의 탄금대 전투인데요. 당시 최고의 명장으로 불렸던 신립 장군은 조선군에게 유리한 협곡을 벗어나 백사장을 전투 장소로 택합니다. 왜 그랬을까요? 그 이유는 신립 장군의 군대가 기병이었기 때문입니다. 협곡보다는 평지가 유리하다고 생각한 거죠. 당시 일본군은 기본적으로 기병이 없었습니다. 일본군은 왜 기병이 없었을까요? 기마병들은 무조건 직업 군인입니다. 말 위에서 전쟁을 하기 위해서는 아주 오랜 시간 훈련을 해야 합니다. 승마를 배우는 데 오랜 시간이 걸리는 것과 같은 이치입니다. 그래서 말 위에서 칼과 창을 자유자재로 쓸 수 있는 기병은 당연히 오랫동안 수련을 받은 직업 군인일 수밖에 없습니다.

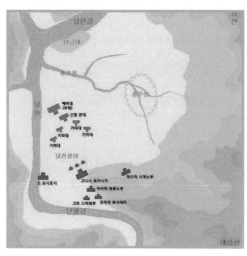

임진왜란 당시 신립 장군의 탄금대 전투

원래 일본 전국시대 때도 기병과 기병이 싸웠어요. 장군이 말을 타고 나와서 폼을 잡고 있는데 웬 병졸 하나가 나오더니 뭔가를 쏘는 거예요. 그러자 장군이 푹 쓰러지는 겁니다. 알고 보니, 포르투갈에서 총이 들어온 거예요. 조총의 등장 이후 일본에서는 기병 없는 보병 중심의 전투가 자리 잡습니다.

임진왜란 때 조선을 침략한 일본 군대도 다 보병이었습니다. 일본군은 보병이고, 신립 장군의 군대는 기병인 거예요. 협곡에서 기병이 말 타고 다니면서 뭘 하겠어요. 협곡은 보병이 단단히 자리를 잡고 지켜야 제격인 곳입니다.

그러면 기병이 보병과 싸우려면 어디에서 싸워야 할까요? 기병이 유리하게 싸울 수 있는 평야를 찾다 보니 백사장으로 나온 겁니다. 하지만 신립 장군은 조총을 간과했습니다. 말을 타고 싸우려고 하는데 일본군 보병이 조총을 쏘는 겁니다. 기병과 말들이 조총에 맞아 움직이지 못하고 패하게 되는 거죠.

거기다 백사장은 모래밭이라 말의 기동성이 떨어진다는 결정적인 약점을 가진 지형이라는 것을 간과했습니다.

자, 다시 테르모필레 전투를 보죠. 협곡을 방어하는 데는 팔랑크스 전술만 한 것이 없는데, 레오니다스가 이끄는 스파르타 보병의 팔랑크스는 그중에서도 최강이었죠.

페르시아군은 스파르타 보병의 팔랑크스에 막혀 협곡을 뚫지 못합니다. 그러자 페르시아군은 스파르타군을 향해 태양을 가릴 정도로 많은 양의 화살을 쏩니다. 스파르타 군인은 하늘을 덮는 화살 비에도 아랑곳하지 않고 "오늘은 그늘에서 전쟁할 수 있어서 좋다"라고 말했다고 합니다. 정말 담력이 센 군인들이 아닐 수 없습니다.

페르시아군의 화살 공격은 사실 스파르타군의 두꺼운 갑옷과 방패 때문에 큰 위협이 되지는 않았습니다. 그렇다면 페르시아군은 스파르타군을 쓰러뜨리기 위해 어떤 방법을 사용했을까요?

보병 잡는 기병을 쓸까요? 아니죠. 협곡에 기병을 부르는 것은 자살행위나 마찬가지일 겁니다. 좁은 협곡 때문에 페르시아는 일단 많은 보병을 보내 싸웁니다. 마치 영화 〈300〉의 전투 장면처럼 소수의 스파르타 군대가 많은 수의 페르시아 군대를 막아 냅니다.

하지만 영화와 현실은 다릅니다. 크세르크세스 1세 역시 바보는 아니었죠. 그리스와의 싸움에서 한번 졌던 경험이 있는 크세르크세스 왕은 협곡에서는 스파르타를 이길 수 없다고 판단합니다. 그래서 그리스를 배반한 군인이 알려 준 길을 통해 군대를 스파르타군의 뒤쪽으로 보냅니다.

그래서 페르시아 군대 대다수는 스파르타군이 지키고 있는 협곡을 벗어나 다음 지도의 빨간색으로 표시된 경로를 따라 빙 돌아갑니다. 시간이 훨씬 더 걸립니다.

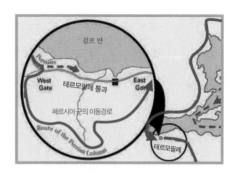

그렇게 돌아간 크세르크세스가 레오니다스의 후방을 칩니다. 팔랑크스의 후방이 얼마나 취약한지 아시죠? 후방에서 공격을 받은 스파르타군의 팔랑크스는 깨지고 맙니다. 레오니다스가 이끌었던 300명의 정예부대는 결국 이 협곡에서 최후를 맞습니다. 전투에서 이기기는 했지만 크세르크세스 왕은 여기서 스파르타군에게 발목을 잡혀 시간을 빼앗긴 것에 분개하여 죽은 레오니다스의 머리를 창에 꽂아서 전시를 합니다. 원래 적장을 죽이면 예우를 갖추고 제대로 장례를 치러 주는 것이 매너죠. 하지만 크세르크세스 왕은 전쟁터에서 통용되는 기본 매너를 무시할 만큼 화가 많이 났던 모양입니다.

4) 살라미스 해전

테르모필레 전투에서 승리를 거둔 페르시아 군대는 아테네로 진격합니다. 아래 지도에 표시된 경로를 통해서 페르시아 군대가 돌아옵니다. 아테네는 함락될 위기에 처합니다. 이때 아테네가 취할 수 있는 선택지는 두 가지였죠. 아테네를 지키면서 농성전을 하는 방법과 도망가는 방법이 있었죠. 아테네는 일단 후퇴를 선택합니다. 육전보다는 해전에서 일단 승기를 잡아보겠다는 전략을 채택합니다. 그러고는 살라미스로 향하죠. 그러자 페르시아 해군 역시 살라미스로 따라옵니다.

하지만 앞에서도 말씀드린 대로 페르시아 해군은 1,200척이고 아테네의 해군은 불과 378척입니다. 왜냐하면 마라톤 전투가 끝나고 아테네에서 육군을 강화시킬 것이냐, 해군을 강화시킬 것이냐를 놓고 논쟁이 있었는데 거기서 해군을 강화하자는 전략이 채택

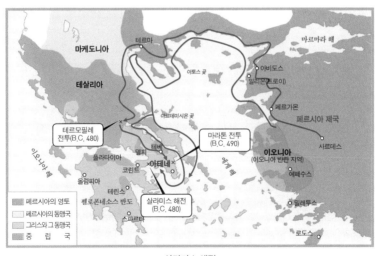

살라미스 해전

됩니다. 해군을 강화하자고 주장한 사람이 바로 살라미스 전쟁의 영웅 테미스토클레스*입니다.

테미스토클레스는 아테네는 무역국가이므로 무역을 보호하기 위해서도 해군이 강화되어야 할 필요가 있다고 주장했습니다. 페르시아가 육지로 돌아올 것은 생각하지 못했습니다. 사실 육군을 강화하자는 전략을 주장하는 사람들도 그리스와의 대결을 염두에 둔 것입니다. 그리스 내부의 전쟁을 염두에 두고 스파르타 육군에 대적할 만한 육군을 키우려고 했던 겁니다. 페르시아가 다시 쳐들어오면 해군을 강화해야 막을 수 있다는 판단으로 3단 갤리선을 중심으로 하는 강력한 해군을 만듭니다.

하지만 아테네는 배가 378척이고, 페르시아는 약 1,000척 이상 척이죠? 누가 봐도 아테네가 질 것 같았죠. 그래서 아테네 사람들 사이에 격렬한 논쟁이 붙습니다. 코린트로 더 도망갈 것이냐, 아니면 한번 싸워 볼 것이냐였죠. 여론은 도망가자는 쪽으로 기웁니다. 대다수 사람이 도망가자고 했죠. 테미스토클레스 입장에서는 어이가 없었죠. 테미스토클레스는 자신이 있었습니다. 자신이 해군을 키웠으니까요.

사람들이 도망가자고 하니까 테미스토클레스가 재미있는 꾀를 냅

Tip 테미스토클레스(B.C. 524~459)
고대 아테네의 정치가, 군인이다. 집정관이 되어 군함건설과 해군증강에 착수, 아테네를 그리스 제일의 해군국으로 만들었다. 장군으로서 아테네 함대를 지휘하여 페르시아 전쟁의 승리를 이끌었다.

니다. 크세르크세스에게 간첩을 보내서 그리스 사람들이 코린트로 도망가려고 한다는 정보를 줍니다. 진짜 정보를 넘겨준 것이지요. 그러자 페르시아 군대가 코린트로 가는 길목을 장악해 버립니다.

그렇게 포위를 당하자 이제 그리스 사람들도 방법이 하나밖에 없죠. 죽기 살기로 싸울 수밖에 없습니다. 적에게 기밀을 누설해서 내부를 단합시키는 테미스토클레스의 전법이었던 겁니다. 이렇게 페르시아 전쟁의 하이라이트인 살라미스 해전이 벌어집니다.

여기서 잠깐, 우리나라의 임진왜란을 떠올려 봅시다. 이순신 장군이 한산도대첩을 비롯한 많은 전투에서 승리를 거머쥘 수 있었던 이유는 무엇일까요?

여러 이유가 있겠지만, 그중 하나는 적군의 배와 아군의 배가 가진 장단점을 잘 알고 그에 맞는 전략을 세웠기 때문입니다. 아시다시피 우리나라의 배는 판옥선입니다. 판옥선은 앞에서 바라볼 때 ⊔ 모양처럼 생겼고, 일본 배는 ∨ 모양으로 생겼어요. 어느 배가 더 좋은 배일까요? 사실, 어떤 배의 모양이 더 좋다고 할 수는 없습니다. 다만 속도 면에서는 일본 배가 더 빠르죠. 물살을 쫙 가르면서 갈 수 있으니까요. 반면 우리 배는 앞으로 나아갈 때 물의 저항을 많이 받는 형태이기 때문에 속도는 떨어지죠. 대신 우리 배에는 포를 실을 수 있어요. 일본의 배는 중심이 안정적이지 못하기 때문에 포를 싣거나 쏘기 어렵습니다. 바닥이 ⊔ 자가 아니라 ∨ 자라 속력을 얻은 대신 안정성을 잃은 것이지요.

페르시아 전쟁 당시 사용했던 배들도 V형입니다. 갤리선에서는 노를 3단으로 젓기 때문에 대략 ⋁⋁ 이런 모양이 되는 거죠.

다시 한일의 배 형태에 빗대어 설명해 보자면, 일본의 배와 우리의 배가 먼 거리에 떨어져 있으면 누가 이기겠습니까? 대포를 쏠 수 있는 우리 배가 이기겠죠. 일본 배가 이기려면 어떤 전법을 써야 할까요? 빠른 속도로 우리 배에 근접하여 조총을 쏟아부으면서 우리 배에 올라타는 전략을 취해야 할 겁니다.

이순신 장군은 이런 일본의 공격 전략을 잘 알고 있었습니다. 그래서 일본군이 올라타지 못하도록 배 위에 지붕을 덮고 송곳을 꽂은 것이 바로 거북선입니다. 판옥선 중에서 앞을 거북 모양으로 하고, 위를 씌워서 송곳을 꽂은 것이지요.

적은 수의 배가 많은 수의 배를 이길 방법을 생각해 봅시다. 울돌목 전투가 벌어질 때 넓은 곳에서 싸웠을까요, 좁은 곳에서 싸웠을까요? 좀 더 쉽게 이야기하자면, 1:17로 싸울 때 혼자 싸우는 사람이 이기려면 무조건 좁은 곳에서 싸워야 합니다. 좁은 곳은 한 명씩 상대해서 쓰러뜨릴 수 있지만, 넓은 곳은 여럿에게 빙 둘러싸여 불리한 싸움을 할 수밖에 없습니다. 숫자가 적을 때 제일 중요한 것은 적들을 어떻게 좁은 골목으로 끌고 올 수 있느냐 입니다.

이순신 장군은 일본군을 끌어들이기 위해 직접 홀홀단신 대장선을 이끌고 맨 앞으로 갔다고 합니다. 그러자 일본군들이 전공을 세우고자 앞다투어 이순신 장군선을 추격해 왔다고 하지요. 그렇게 일본군을 유리병의 목처럼 갑자기 좁아지는 해로로 유인해서

끌고 들어오는 거죠. 그리고 안쪽으로 따라 들어가니까 나머지 선단이 기다리고 있는 거예요.

일본군은 그런 줄도 모르고 쭉 들어온 겁니다. 들어올 때는 물살이 가는 방향이어서 쉽게 들어오게 됩니다. 그런데 딱 들어와서 나머지 선단을 보고 뒤로 나가려고 했더니 조류가 배가 가야 할 방향과 반대로 바뀌어 있는 거예요. 나가기가 어렵겠죠. 엎친 데 덮친 격으로 뒤에 있던 배들까지 조류에 따라 밀려 들어오고 있어요. 결국 가운데에서 일본 배들끼리 뭉치고 부딪치면서 대패한 것이 바로 이순신 장군의 울돌목 전투이자 명량해전이죠. 우리 배 단 한 척의 침몰피해도 없이 일본 배를 물리친 거죠. 이순신 장군의 대단한 점이 바로 여기 있습니다. 우리 배의 특징과 일본 배의 약점을 알고, 지형을 이용해서 매복전을 편 것입니다.

3차 페르시아 전쟁의 해전도 이와 같습니다. 당시 그리스와 페르시아의 배가 있었는데, 그 크기가 소문자 v와 대문자 V만큼이나 차이가 큽니다. 특히 높이의 차이가 압도적이었죠. 페르시아 배가 특히나 높습니다. 페르시아도 소문을 들어서 아테네 해군이 강하다는 걸 알고 있겠죠? 그래서 배를 더 크고 높게 만듭니다. 그래야 높은 곳에서 아래를 보고 공격할 수 있는 이점을 가지게 되기 때문이었죠.

자, 그러면 아테네는 풍랑이 거센 곳에서 싸워야 유리할까요? 잔잔한 곳에서 싸워야 유리할까요? 아테네 입장에서는 두말할 것

없이 무조건 풍랑이 심한 데서 싸워야 하는 것입니다. 배의 크기가 작고 높이가 낮으면 무게중심이 아래에 있게 되어 풍랑에도 크게 흔들리지 않습니다. 하지만 크기가 커지고 높아지면 무게중심이 위로 가게 되는 한편 풍랑을 맞는 면적도 커집니다. 그래서 파도가 높으면 큰 배를 운영하는 것이 더 어렵습니다. 페르시아는 왜 이렇게 배를 크게 만들었을까요?

이렇듯 배를 크게 만든다고 해서 유리한 것이 아니라는 사실은 금방 드러납니다. 그리스의 테미스토클레스는 이 사실을 잘 알고 있는 천재적인 머리의 소유자였습니다. 때문에 페르시아의 배를 살라미스 협곡으로 유인합니다. 유인하는 줄도 모르고 그리스 배를 쫓아간 페르시아의 크세르크세스 왕은 그리스의 함선들을 부수라고 명령합니다. 그때 협곡의 풍랑이 높아지죠.

협곡의 풍랑 때문에 페르시아 배들이 무게중심을 잡지 못하게 되자 아테나 해군은 이때를 노려 공격을 퍼붓습니다. 큰 배 옆에 바짝 붙어서 노를 젓는 쪽을 착 긁고 가는 겁니다. 그러면 노들이 어떻게 될까요? 촤르륵 부러져 버리겠죠. 협곡으로 페르시아 배들이 들어오고 풍랑은 불고 있는데, 그사이를 아테네의 배가 지나가면서 노를 다 부러뜨려 버립니다.

페르시아 배들은 중심을 잃고 자기편 배들과 얽히면서 아비규환이 되는 거예요. 아테네군은 협곡 안쪽에서 페르시아 배들끼리 난리치는 것을 구경하고 있다가 최후의 순간에 다시 한번 공격을 가합니다.

페르시아 배는 도망가고 싶겠죠. 그런데 자기편 배들이 계속 밀려 들어오는 거예요. 적군과 싸울 생각은 안 하고 자기편 배들을 부수면서 먼저 도망가려고 싸우는 아수라장이 됩니다.

이후 아테네군은 정면으로 돌격해 페르시아 배를 들이받고, 일방적으로 학살을 시작하지요. 여기에서 크세르크세스는 처절하게 패합니다. 이렇게 페르시아의 해군을 전멸시킨 아테네는 그리스 도시국가의 리더라는 명분과 더불어 지중해 해상무역권이라는 실리를 챙기게 됩니다. 그리하여 명실상부한 지중해 최강국으로 부상하죠.

이렇게 3차에 걸친 페르시아의 그리스 침공을 살펴봤습니다. 오리엔트를 통일한 페르시아가 지중해 해상권을 노리고 그리스의 도시국가들과 충돌한 그리스-페르시아 전쟁은 역사상 최초로 동양

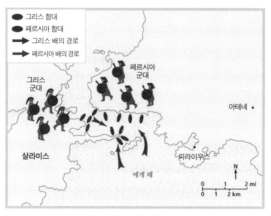

살라미스 해전 당시 양쪽 배의 경로

과 서양이 격돌한 전쟁이었습니다.

3차에 걸친 페르시아의 공격을 이겨 내는 데 가장 큰 역할을 했던 아테네는 이후 그리스의 중심으로 떠오르며 전성기를 맞이합니다.

반면에 전쟁에 패배한 페르시아는 당연히 세력이 점점 약해졌겠죠? 내부적으로는 왕권 다툼이 일어나고, 외부적으로는 속주국의 반란이 계속됩니다. 그러다가 기원전 331년, 마케도니아 왕국의 알렉산더 대왕에게 멸망하게 됩니다.

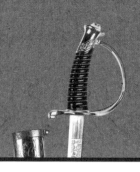

2장

- - - - - - - -

동서 문화의
새로운 시대를 연

알렉산더 대왕의
정복 전쟁

1
—
마케도니아와 그리스 정복

1) 필리포스 2세의 그리스 통일

델로스 동맹이 깨지자 아테네와 스파르타 사이에 전쟁이 발발합니다. 이 전쟁이 바로 펠로폰네소스 전쟁(Peloponnesos War, B.C. 431~404, 아테네와 스파르타가 각자의 동맹 도시를 이끌고 벌인 전쟁)이죠. 결과부터 말하자면 이 전쟁의 승자는 스파르타입니다. 하지만 이 전쟁으로 인해 두 나라는 모두 타격을 입습니다. 펠로폰네소스 전쟁이 거의 30년에 가까운 긴 시간 동안 벌어졌기 때문이죠. 승리한 스파르타에도 상처뿐인 영광만이 남았던 것입니다. 이를 계기로 스파르타도 쇠락의 길을 걷게 됩니다.

이때 아테네에서 북서쪽에 위치한 테베가 그리스의 맹주로 떠오릅니다. 그리고 테베를 비롯한 그리스 도시국가를 정벌하고 그리스 통일 국가, 마케도니아의 초대 왕이 된 사람이 바로, 고대사

군주의 아이콘으로 우리에게 잘 알려져 있는 알렉산더 대왕의 아버지인 필리포스 2세(Philippos II, 재위 B.C. 359~336)입니다.

필리포스 2세는 국력을 키우기 위해 많은 노력을 기울였는데 그중에서도 특히 군사력 강화에 힘썼습니다. 그렇다면 초기 마케도니아 왕국의 군사력은 어땠을까요? 당시 주변국을 보면 아테네는 해군이 강했고, 스파르타는 육군이 강하다고 했죠? 그렇다면 마케도니아는 어떤 군대가 강했을까요? 힌트를 드리자면 마케도니아는 초원지대입니다. '초원'하면 말이 자연스럽게 연상될 겁니다. 그렇습니다. 마케도니아는 기병이 강한 나라였습니다. 필리포스 2세는 약소국이었던 마케도니아를 급성장시키기 위해 군사 개혁과 정복 전쟁을 벌입니다. 보병에 팔랑크스를 도입하고, 기병을 강화시켜 대국 마케도니아의 패권 확립을 위한 기초를 다집니다.

하지만 필리포스 2세의 영광은 오래 가지 못합니다. 그는 대관식에서 "내가 그리스의 왕이다!"라고 선포한 후 암살당하고 맙니다. 그 배후는 끝내 밝혀지지 않았지만, 아들인 알렉산더나 그의

필리포스 2세

· B.C. 382~336 (B.C. 359 즉위)
· 소년시절 테베에서 3년간 인질생활 (B.C. 368~365)
· 테베 에파미논다스의 사선진 계승
· 즉위 후 스파르타 제외 전 그리스 굴복시킴 (코린토스 동맹)
· 암살(배후로는 페르시아, 알렉산더 등이 거론)

아내가 범인이라는 설이 있습니다.

2) 알렉산더 대왕의 영웅주의적 사고

마케도니아의 왕 필리포스 2세에게는 니코마코스라는 주치의가 있었습니다. 이 주치의의 아들은 서양철학사에서 가장 중요한 인물로 손꼽히는 철학자 아리스토텔레스(Aristoteles, B.C. 384~322)였습니다. 그런데 아리스토텔레스 아들의 이름도 니코마코스예요. 옛날에는 아버지 이름을 따서 아들 이름을 짓는 경우가 많았어요. 그 아들이 '우리 아버지 윤리학은 이런 거예요'라고 쓴 책이 세계 최초의 윤리학 책인 《니코마코스 윤리학》입니다.

필리포스 2세는 주치의의 아들에게 자신의 아들 알렉산더 대왕을 가르쳐 달라고 부탁합니다. 이렇게 아리스토텔레스는 알렉산더 대왕의 스승이 됩니다.

알렉산더 대왕은 아리스토텔레스로부터 고대 그리스 서사시인 《일리아드》와 《오디세이》를 배우게 됩니다. 이 두 이야기에서 제일 유명한 사람은 트로이의 전쟁 영웅 아킬레우스(Achilles)죠. 알렉산더 대왕은 아킬레우스에게 큰 감명을 받습니다. 《일리아드》와 《오디세이》를 쓴 호메로스에게도 감명을 받죠. 이후에도 그는 호메로스의 시를 좋아해서 원정 때도 책을 가지고 다녔다고 합니다.

또한 알렉산더 대왕은 영웅주의적 사고를 가지고 있었던 것으로 유명합니다. '나는 세상의 영웅이고 세계의 왕이다'라는 생각과 함께 자신의 무용담을 학자들을 통해 기록했습니다. 마치 호메로스 서사시의 아킬레우스처럼 위명을 떨치는 것을 꿈꿨던 것이죠. 왜냐하면 당시에는 육체는 죽지만 이름은 영원하다는 사고방식이 굉장히 강했던 시기예요. 사실 그는 자신의 목표를 충분히 달성하고도 남았습니다. 당시뿐만 아니라 지금 우리가 보는 영화나 책에도 수도 없이 등장할 정도니까요.

재미있는 사실은, 알렉산더 대왕이 주인공으로 나온 영화의 주연이 콜린 패럴이라는 아일랜드 배우였다는 겁니다. 이때 콜린 패럴은 금발로 나오는데 반해 전해지는 기록이나 그림을 보면 정작 알렉산더 대왕은 금발이 아니라 흑발입니다. 외모도 그렇게 잘생긴 것 같지 않죠. 알렉산더 대왕이 등장하는 아래의 그림을 보시죠.

다리우스 3세와 싸울 때 그림인데, 알렉산더 대왕은 흑발이죠? 사실 다리우스 3세는 이란 사람이고 알렉산더 대왕은 그리스 사람입니다. 그렇기 때문에 두 사람의 실제 모습은 아마 지금 우리가 생각하는 백인의 모습이 아닌 아랍인에 더 가까울 겁니다.

알렉산더 대왕의 모습(왼쪽)과 다리우스 3세와의 전투(오른쪽)

3) 테베의 사선진

필리포스 2세가 그리스를 통일한 과정을 한번 살펴봅시다. 펠로폰네소스 전쟁에서 스파르타가 승리했죠. 그런데 27년 동안이나 전쟁을 했으니 스파르타 또한 힘이 약해진 상태였습니다. 이때 다른 도시국가인 테베와 전쟁이 일어납니다. 테베는 원래 두각을 나타내지 못했던 곳인데, 전쟁으로 두 나라가 지쳐 있을 무렵에 모습을 드러내죠. 그런데 스파르타 입장에서는 '별 볼일 없는 나라가 내가 기운 좀 떨어졌다고 덤벼?' 싶은 겁니다. 그래서 테베와 전쟁을 하죠.

모든 사람들이 스파르타가 이길 거라 확신했는데 예상과 달리 테베가 이깁니다. 전쟁은 그래서 재미있습니다. 예상치 못한 결과가 벌어지기도 하거든요. 당시 스파르타는 최강의 팔랑크스 보병군단을 가지고 있었습니다. 심지어 아테네도 스파르타를 건드리지 못했는데, 테베가 바로 이 최강의 팔랑크스 보병군단을 이긴 것입니다. 그 비밀은 바로 테베의 사선진에 있습니다.

자, 옆 페이지에 나와 있는 테베의 사선진을 볼까요? 테베는 바로 이 사선진으로 스파르타를 누르죠.

빨간색이 스파르타의 정예 전력, 파란색이 테베의 사선진입니다. 옆에 확대 그림에서 일반 팔랑크스 대형과 사선진 팔랑크스 대형의 차이를 확인할 수 있습니다.

팔랑크스는 기본적으로 방패의 반으로는 나를 막아 주고, 나머지 반은 옆 사람을 막아 줍니다. 그런데 군인도 사람인지라 방패를

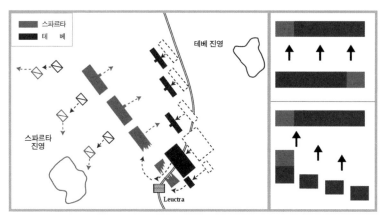

테베 에파미논다스의 사선진

들 때 자기 쪽으로 좀 더 당겨서 드는 것이 인지상정이죠. 사람이니까요. 이때 옆에 사람은 어떻게 할까요? 비어 있는 쪽이 불안하니까 옆 사람 방패 쪽으로 몸을 붙이겠죠. 왼손에 방패를, 오른손에 창을 들고 있으니까 옆 사람에 의해 점차 오른쪽으로 밀리게 되죠.

그러면 이제 봅시다. 분명 전투 초반엔 제대로 마주 서 있었던 군사들도 시간이 지날수록 점차 오른쪽으로 밀리겠죠?

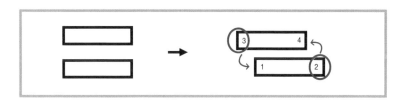

그림처럼 대열의 형태가 오른쪽으로 치우치면 그때부터 진짜 전투가 시작됩니다. 위쪽 진영에 있는 3번 병사는 1번 병사의 측면을 공격할 수 있게 되고, 반면에 아래쪽 진영의 2번 병사는 4번 병사의 측면을 겨냥할 수 있게 되죠. 결국, 승패는 3번이 1번을 먼저 공격하느냐 아니면 2번이 4번을 먼저 공격하느냐에 따라 판가름 나게 됩니다.

3번과 2번의 공격이 중요하기 때문에 위쪽 진영에서는 제일 강한 병사를 3번으로, 아래쪽에서는 가장 강한 병사를 2번에 기용하죠. 그리고 자연스럽게 1번과 4번 병사는 주로 수비를 주력으로 하는 병사들을 선발합니다. 한마디로 오른쪽이 가장 강한 전력으로 구성되는 것이 팔랑크스 전법의 특징이죠. 스파르타 군대도 마찬가지로 오른쪽에 제일 강한 사람들이 배치되어 있습니다.

그런데 사실 테베는 스파르타군과 정면으로 붙어서는 승산이 없습니다. 스파르타의 군인은 어렸을 때부터 강한 아이들만을 골라 군사 훈련을 시킵니다. 훈련은 또 얼마나 혹독한지 밥 먹고 잠자는 시간을 제외하면 계속 훈련입니다.

영화 〈300〉을 보면 그들의 강인한 정신을 엿볼 수 있어요. 전투에서 패한 스파르타군에 두 명이 살아남습니다. 하나는 전령이었

Tip 에파미논다스(Epaminondas, B.C. 410~362 추정)
테베의 정치가 · 군사전략가 · 지도자이다. 사선진(斜線陳) 전법으로 스파르타를 무찔러 한때 테베를 그리스 최고의 국가로 만들었다. 이후 그리스 도시국가들의 세력 균형을 계속 유지하는 데 중요한 역할을 했다.

고 또 한 명은 병자였죠. 전장을 벗어나 살아남은 두 사람에게 스파르타 사람들의 비난이 쏟아집니다. 결국 이 둘은 나중에 다른 전투에 참전하여 맨 앞에서 용감하게 싸우다 죽습니다. 전장에서 싸우다 죽는 것이 스파르타 군인의 명예였습니다.

이렇듯 몸도 정신도 강인한 스파르타군이 전진해 들어오는데, 테베 입장에서는 정면에서 맞닥뜨리면 승산이 없죠. 그래서 테베의 장군 에파미논다스*가 사선진을 제안합니다. 아래 그림의 스파르타 진영의 왼쪽 1번에 있는 군인들은 수비를, 오른쪽 2번에 있는 군대는 공격을 잘하는 정예 멤버로 배치되어 있다고 했었죠? 테베는 이에 대응하기 위해 사선으로 섭니다.

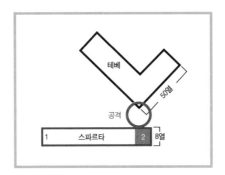

테베 에파미논다스의 사선진

이렇게 했을 때, 테베의 군대와 스파르타 군대가 최초로 만나는 지점은 어딜까요? 맞붙게 되는 건 빨간 원 부분입니다. 전력만으

로 놓고 보면 싸움을 잘하는 스파르타가 유리하죠. 하지만 테베는
사선진으로 50열이 서 있습니다. 두 진영이 계속 맞서 싸우다 보면
어느 편이 유리해질까요? 테베입니다. 테베가 16열이 붕괴된다면
스파르타는 8열이 전멸이 되는 거예요.

또한 스파르타의 왼쪽 군대는 능동적으로 공격을 하기보다는
상대방이 공격하면 수비하려고 기다리는 수비 대형일 뿐입니다.
이 틈을 이용하여 테베의 팔랑크스는 스파르타의 강한 오른쪽만을
공격합니다. 스파르타가 8열일 때 테베는 50열로 맞서는 겁니다.
테베군의 30열이 무너져도 스파르타군의 강력한 8열만 무너뜨린다
면 테베군은 20열이 남기 때문에 승리할 수 있다는 전략입니다.

원래는 상대쪽의 수비와 부딪치는 공격 쪽의 군사력을 강하게
해서 상대방의 수비를 무너뜨려야 하는데, 역발상을 한 것입니다.
'그쪽은 안 건드릴 거야. 차라리 강한 쪽을 쳐부수겠어' 하고 강하게
나가 이겨 버립니다. 이것이 바로 그 유명한 테베의 사선진입니다.
기가 막히죠? 그런데 아이러니하게도 테베는 후에 이 사선진에 의
해 멸망당하고 맙니다.

2

막강한 무기
사리사와 엘리트 기병대

    마케도니아는 초원지대입니다. 초원에는 풀이 있고, 말들은 풀을 먹죠. 그래서 마케도니아 최강 군대는 말할 것도 없이 기병입니다. 기병이 강한 나라인 마케도니아는 테베와의 전쟁에 어떤 전략을 세웠을까요? 일단 보병을 앞에 세웁니다. 그리고 양쪽에 기병을 배치합니다. 보병이 테베의 정면을 막으면 기병이 측면으로 돌아 들어가서 박살을 내면 됩니다.

    하지만 마케도니아의 보병은 테베의 보병보다는 약합니다. 그렇다면 마케도니아의 보병은 어떻게 테베의 보병을 상대했을까요?

    권투를 예로 들어 볼까요? 상대보다 펀치력이 약한 선수는, 상대의 펀치가 내게 닿지 않게 거리를 두고 시간을 버는 방법으로 상대를 공략합니다. 또한 훅으로 같이 싸우면 불리하니까 잽을 날려야겠죠. 그런데 잽으로 상대를 위협하려면 리치가 길어야 합니다. 큰 키와 긴 리치를 이용한 잽으로 펀치력이 강한 선수의 접근을 막아야 할 겁니다.

마케도니아와 테베의 전쟁은 방금 제가 든 예시와 비슷한 부분이 있습니다. 일단 양군 보병의 창 길이가 2배 가까이 차이가 납니다. 원래 창 길이는 2.4m인데, 마케도니아군이 가지고 있는 '사리사'라는 이름의 창의 길이는 4m입니다. 평상시에는 가지고 다니기 좋게 둘로 분리했다가 전투 때 이어 붙이는 거예요.

물론 단점도 있습니다. 창의 길이가 긴 만큼 찌르는 힘이 약할 수밖에 없었죠. 사리사가 등장하기 전까지 대부분의 창의 길이가 비슷했던 것은, 조절이 가능하면서 어느 정도 타격을 줄 수 있는 적당한 길이가 바로 2.4m였기 때문이죠.

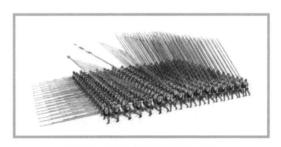

알렉산더 대왕의 무기, 보병의 사리사 창

그런데도 사리사 길이를 4m로 늘린 이유는 실제로 찌르려는 목적이 아니라 상대방의 접근을 막는 용도인 것이지요. 테베 병사들이 2.4m 창을 가지고 진군하면 4m 창으로 막기만 하면 되는 거죠. 그러면 기병이 돌아가서 붙습니다. 이것이 바로 그 유명한 '망치와 모루' 전법입니다.

모루는 대장간에서 불린 쇠를 올려놓고 두드릴 때 받침으로 쓰는 쇳덩이에요. 모루 위에 달군 쇠를 올리고 망치로 내려치는 거예요. 무기의 생명을 좌우하는 담금질을 할 때 망치로 세게 치는 것도 중요하지만, 모루가 단단하게 잘 버텨 줘야 해요. 바로 이 4m짜리 창이 모루의 역할을 하는 겁니다. 다시 말해 4m짜리 창은 기병이 돌아 들어갈 시간을 벌기 위해 용도로 만들어진 겁니다. 적에게 치명상을 입히지는 못하지만 압박을 할 수는 있잖아요.

본래 밀집대형인 팔랑크스의 2.4m짜리 창은 앞사람이 든 창 위로 뒷사람의 창이, 또 그 위로 더 뒷사람의 창이 3단으로 겹쳐진다고 했잖아요? 알렉산더 대왕의 사리사 보병을 보면 4m짜리 창이 5단으로 겹쳐져 있습니다. 아주 무시무시하죠.

알렉산더 대왕이 이끄는 엘리트 기병대의 모습도 대단합니다. 잘 보시면, 다른 기병과 비교했을 때 두 가지가 없다는 것을 알 수 있습니다. 하나는 발걸이인 등자입니다. 또 하나는 등에 메는 화살통입니다. 당시에 기병들은 전부 말을 아주 잘 타는 직업 군인이라고 말씀드렸죠? 하지만 아직은 등자가 등장하기 이전이라 두 손을 말 위에서 자유자재로 사용할 수는 없었습니다.

당연히 활도 사용할 수 없었겠죠. 안전을 위해 한 손은 반드시 말을 잡고 있어야 했으니까요. 그러니 자연스럽게 기병의 주요 무

알렉산더의 엘리트 기병대

기는 한 손으로 쓸 수 있는 창이 되었습니다.

알렉산더 대왕은 전술에도 능하여 보병과 기병을 아주 잘 활용했습니다. 아버지 필리포스 2세 때부터 만들기 시작한 망치와 모루 전술을 완성하여 그리스를 멸망시키고 세계 정복을 향해 나아갑니다. 알렉산더 대왕이 본격적인 행동에 나선 시기는 필리포스 2세의 암살 사건이 일어난 이후입니다. 암살 사건을 기회로 여긴 그리스의 반란이 시작되었으니까요. 그 반란 도시의 주역은 테베였고, 그 테베를 기병을 이끌고 쑥대밭으로 만든 것이 바로 20살 청년 알렉산더 대왕이었습니다.

3
—
알렉산더 대왕의 정복루트

그리스를 정복한 알렉산더 대왕은 "그리스의 복수를 하겠다"며 페르시아에 대한 정복 전쟁을 선포합니다. 옛날에 페르시아가 그리스로 쳐들어왔으니까요. 그런데 사실 알렉산더 대왕이 그리스의 복수를 하러 페르시아로 원정을 떠난다는 말은 조금 웃기는 이야기입니다. 사실 그리스와 페르시아가 싸울 때 마케도니아는 페르시아 편이었거든요.

긴 정복 전쟁을 떠난 알렉산더 대왕이 처음 맞선 상대는 다리우스 3세입니다. 알렉산더 대왕과 다리우스 3세가 맞붙은 것이 이소스 전투(B.C. 333)입니다. 다음의 지도를 보면 1번 위치죠. 여기에서 다리우스 3세가 완전히 깨집니다. 이소스 전투에서 승리를 거머쥔 알렉산더 대왕은 기세를 몰아 이집트로 향합니다. 그리고 이집트 전역을 싹 돌면서 자신이 파라오라고 선포하고 돌아오죠.

알렉산더의 정복루트

① 이소스 전투 ② 알렉산드리아 ③ 가우가멜라 전투 ④ 히다스페스 전투 ● 말라리아에 걸려 사망

　지도에 표시된 화살표를 따라 정복을 전개하던 알렉산더 대왕은 자신의 이름을 딴 도시인 '알렉산드리아'를 건설합니다. 이 알렉산드리아는 페르시아 곳곳에 건설되는데 그중 가장 유명한 곳이 지도에서 2번에 위치한 이집트의 알렉산드리아입니다.

　다리우스 3세는 알렉산더 대왕에게 패배한 후 2년 동안 페르시아에 있는 군대를 전부 끌어 모아서 3번 위치인 가우가멜라 평원에서 다시 한 번 전쟁을 벌입니다. 이 소식을 듣게 된 알렉산더 대왕은 페르시아 전역을 돌아다닐 필요 없이 한 곳에 페르시아군을 모아 준 것에 대해 굉장히 기뻐했다고 합니다. 그렇게 알렉산더 대왕과 다리우스 3세의 2차전 가우가멜라 전투(Battle of Gaugamela, B.C. 331)가 발발하고 알렉산더 대왕이 또다시 대승을 거둡니다. 이소스 전투에서 한 번 지고, 가우가멜라 전투에서 완전 K.O패를 당한 페르시아는 멸망의 길을 걷게 됩니다.

이후부터 알렉산더 대왕은 거칠 것 없이 마음껏 원정을 떠나 인도까지 갑니다. 인도 코끼리 부대와도 전쟁을 벌이죠. 그러던 중 마케도니아 내부의 분란과 전쟁의 피로에 지친 병사들의 불만이 겹치자 알렉산더 대왕은 회군을 결정합니다. 이 무렵 알렉산더 대왕은 말라리아에 걸려 33세의 짧은 나이로 생을 마감하게 됩니다.

4

—

내 사전에 패배란 없다,
이소스 전투와 가우가멜라 전투

1) 이소스 전투

알렉산더 대왕이 벌인 전투를 좀 더 자세히 살펴보기로 하겠습니다. 먼저 이소스 전투(Battle of Issus, B.C. 333)입니다.

기원전 333년 마케도니아와 페르시아는 이소스 평야에서 맞붙게 됩니다. 이소스 전투에 참전한 군인의 수는 마케도니아 4만 1천명, 페르시아 9만 4천 명으로 기록되어 있어요. 일부에서는 페르시아 군대의 수가 100만이었다고 하는 곳도 있습니다. 아마도 알렉산더 대왕의 위대함을 더 높이기 위함인 것 같습니다. 군의 숫자를 과장하는 방법은 서양뿐 아니라 동양에서도 자주 쓰는 방법입니다.

쉬어 가는 의미로 잠시 옆길로 빠져 볼까요? 《삼국지》를 보면 100만이라는 숫자가 자주 눈에 띕니다. 일부 자료에서는 계속된 전란의 영향으로 삼국이 정립할 때쯤에는 중국 인구가 약 1,000만 명

위·촉·오 삼국시대 중국

밖에 남지 않았다고 기록하고 있습니다. 당시 중국의 인구를 약 1,000만 명 정도로 가정하고 이야기를 이어가 보자면, 중국은 당시 13개 주(州)로 위나라가 9개 주, 오나라가 3개 주, 촉나라가 1개 주를 다스리고 있었습니다. 원래 촉나라가 형주와 익주, 2개 주를 가지고 있었는데 관우가 형주를 빼앗기죠. 그래서 촉나라에게는 중국 변방에 자리한 익주만 남게 된 거예요.

그런데 우리는 왜 삼국이라고 할까요? 촉나라는 겨우 1개 주를 가지고 있는데 말이죠. 그것은 인구수와 연관이 있습니다. 삼국이 정립될 당시의 각 나라별 인구수를 추정했을 때 위나라는 443만,

오나라는 230만, 촉나라는 94만으로 추정됩니다. 물론 이 수치를 완전히 신뢰하기엔 어려움이 따릅니다. 어쨌든 세 나라가 가진 주의 개수와 영토 면적은 큰 차이가 나는 반면 인구는 생각보다 크게 차이가 나지 않아서 당시 오와 촉이 연합을 하면 위나라에 대적할 만한 힘이 있었을 것이라는 추측도 있습니다. 그래서 삼국 정립이라는 표현이 나오는 겁니다.

그렇다면 익주는 왜 상대적으로 인구수가 많았을 거라는 추측이 있는 걸까요? 역설적이지만, 익주는 변두리에 있어서 전쟁이 한 번도 없었기 때문입니다. 상대적으로 인구가 약 몇천만 명이었을 것으로 추정되는 진시황 시절에도 익주의 인구는 비슷했다고 합니다. 예를 들어, 전란으로 인해 전체 인구가 1,000만 명 쯤 되었을 때도 익주의 인구는 약 100만 명쯤 되었다는 겁니다. 인구가 줄어든 곳은 전쟁의 소용돌이의 중심이었던 중국 중앙에 위치한 주요 지역들이었고 오히려 익주의 경우 그 주에서 피난 온 백성들로 인해 인구가 늘어난 것이지요.

더 재밌는 것은 일반적으로 싸움은 힘센 놈이 약한 놈에게 걸기 마련인데 삼국지에서는 거꾸로 힘이 약한 촉나라가 강국인 위나라를 상대로 전쟁을 벌입니다. 그것도 한두 번도 아니고 계속해서 말입니다. 바로 그 주인공은 눈물 없이 읽을 수 없다는 출사표를 던지고 출병하는 제갈량입니다. 여기에 사마의는 공격이 아니라 방어만 합니다. 군인 수도 더 많고 군사력도 강한데 말입니다. 왜일까요?

그건 바로 한 세대만 지나면 중국 중원의 황폐한 토지는 다시 회복이 되고, 인구도 다시 늘어날 것이기 때문입니다. 그때가 되면 익주의 인구는 다시 전처럼 중국 내에서 차지하는 비율이 줄어들 테니까요.

아마도 공격을 하는 제갈량이나 그를 막는 사마의도 이런 사실을 잘 알고 있었을 겁니다. 그러니까 제갈량은 자신의 세대가 지나기 전에 위를 정벌하지 못하면 다시는 기회가 없을 것이라고 생각하고 출사표를 던지고 쳐들어간 거예요.

자, 다시 이소스 전투로 돌아가 볼까요. 페르시아군의 병력에는 특이한 부대가 있었습니다. 바로 이모탈이라는 이름의 부대입니다. 이 부대의 정체는 무엇일까요? 이모탈이란 '죽지 않는'이라는 뜻입니다. 영화 〈300〉에서도 등장하는데, 전부 가면을 쓰고 있죠. 가면은 이들의 전략입니다. 부대원들이 모두 같은 모양의 가면을 쓴 덕분에 불사신 부대라는 이미지를 가질 수 있는거죠. 전투 중 이모탈 부대의 병사가 죽거나 다치면 똑같은 가면을 쓴 다른 병사가 그 자리를 채웠다고 합니다.

그러니 적군의 눈에는 아무리 싸워도 수가 줄지 않고 계속 같은 숫자로 보이는 겁니다. 영리한 전략이지요. 그런데 이소스와 가우가멜라 전투의 기록을 보면 페르시아군의 숫자가 더 많았다는 이야기가 많습니다. 압도적인 군인 수로 밀어붙인 것이지요.

이제 전투에 대한 상세 내용으로 들어가 볼까요? 실제 전투의

이소스 전투(B.C. 333)		
	마케도니아	페르시아
병력	합 : 4만 1천 명 경장보병 : 1만 3천 명 중장보병 : 2만 2천 명 기병 : 6천 명	합 : 9만 4천 명 경보병 : 6만 3천 명 이모탈 부대 : 1만 명 중장보병 : 1만 명 기병 : 1만 1천 명
지휘	알렉산더 대왕	다리우스 3세
결과	전사 및 부상 4,000명	전사 및 부상 3만 명

양상은 이소스 전투와 가우가멜라 전투 둘 다 매우 유사합니다. 두 전투 중 가우가멜라 전투를 자세히 살펴보기로 하겠습니다.

2) 가우가멜라 전투

가우가멜라 전투는 기원전 331년, 지금으로 보면 이라크 북동부의 가우가멜라 평원에서 벌어진 마케도니아 왕국과 아케메네스 왕조 페르시아 사이의 결전을 이야기합니다. 미리 밝히면 이 전투는 마케도니아군의 압승으로 끝나지만, 두 진영 모두 필사적으로 분전한 전투임에는 분명합니다. 일단 그림을 통해 당시 전투의 대형을 보겠습니다.

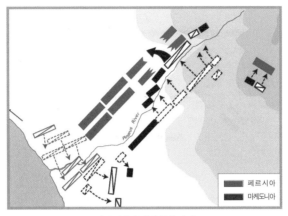

가우가멜라 전투 군대 배치

그림을 보면 마케도니아 군대가 아래쪽에 있고, 페르시아 군대
는 위쪽에 있습니다. 페르시아 군대 제일 앞에는 다리우스 왕이 있
습니다. 그리고 양옆에는 기병 부대가 있습니다. 앞에는 경보병 부
대와 코끼리 부대까지 배치해 놓고 다리우스 3세가 딱 버티고 있습
니다. 마케도니아는 당연히 앞쪽에 중갑보병이 있겠죠. 그리고 오
른쪽에는 알렉산더 대왕이, 왼쪽에는 파르메니온 장군이 기병을
이끌고 있습니다.

알렉산더 대왕은 흥미롭게도 보병대를 2열로 세웁니다. 보병대
를 2열로 세우는 이유가 있는데, 바로 페르시아에 전차 부대가 있
기 때문입니다. 그리고 양쪽에는 기병대를 세웁니다. 팔랑크스는
기본적으로 오른쪽이 세다고 했죠? 그래서 팔랑크스의 오른쪽 뒤
에 알렉산더 대왕이 기병대를 이끌고 서 있는 겁니다.

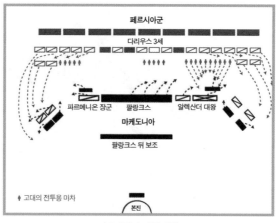

페르시아군

다리우스 3세

파르메니온 장군 　팔랑크스 　알렉산더 대왕

마케도니아

팔랑크스 뒤 보조

↟ 고대의 전투용 마차

본진

가우가멜라 전투 대형

자, 1라운드 종이 울립니다. 다리우스 3세는 호각을 불어 군사들에게 신호를 합니다. 이때 어떤 부대가 가장 먼저 출동할까요? 전차가 출동합니다. 팔랑크스를 향해서 진격합니다. 그런데 전차 부대는 들어오자마자 가볍게 궤멸됩니다. 상상해 볼까요? 팔랑크스가 서 있는데 전차들이 들어옵니다. 그러자 팔랑크스 대열 일부가 뒤로 물러납니다. 그럼 전차는 팔랑크스가 물러난 공간에 모이게 됩니다. 이때 마케도니아의 보병들이 옆에서 창으로 공격합니다. 포위된 전차는 제대로 저항도 못하고 몰살당하고 맙니다. 그렇게 그리스 보병대에 어떤 타격도 입히지 못한 채 전차 부대는 사라집니다.

다리우스는 당연히 당황했겠죠. 하지만 남아 있는 군대가 많으니까 다시 호각을 붑니다. 그리고 본격적으로 맞붙기 시작하죠. 이때 양쪽에 있던 기병이 진군하는 겁니다.

다리우스 3세의 작전은 간단했습니다. 알렉산더 대왕의 진영에서 가장 중요한 역할을 차지하고 있는 팔랑크스의 뒤를 치는 작전이었죠. 사실상 팔랑크스가 무너지면 이 전쟁은 끝나는 거였으니까요. 그래서 압도적인 수의 기병을 팔랑크스의 뒤로 보냅니다. 양쪽으로 돌아서 가죠.

물론 그 양쪽에는 그리스의 기병이 지키고 있습니다. 특히 오른쪽은 알렉산더 대왕이 이끄는 기병이었으니까 좀 더 강하겠죠. 그래서 파르메니온 장군이 있는 왼쪽을 집중공략을 합니다. 알렉산더 대왕은 이러한 작전을 빨리 눈치채고 있었습니다. 그래서 파르메니온의 기병이 버티는 동안 팔랑크스로 페르시아의 보병 부대와 정면승부를 해서 적진을 무너뜨리는 전술로 대응합니다.

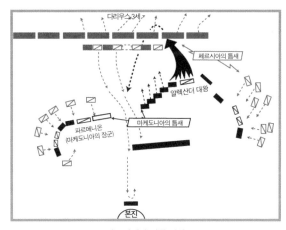

가우가멜라 전투 대형

이런 총공격에 파르메니온의 기병은 점차 밀리기 시작합니다. 영화 〈알렉산더〉(2004)에도 이 장면이 나옵니다. 파르메니온은 거의 숨 넘어가기 직전까지 몰립니다. 하지만 알렉산더 대왕은 끝까지 버티라는 명령을 내리며, 뒤에 있던 중갑보병 일부를 지원으로 보냅니다.

상황을 보면, 아직 그리스의 중갑보병인 팔랑크스는 페르시아 경보병과 전투를 시작하지도 못하고 있습니다. 긴박한 상황이 아닐 수 없습니다. 망치로 때리기 전에 모루가 무너져 버린다면 망치질이 무슨 소용이 있겠습니까?

자, 그런데 분위기가 반전되는 상황이 생깁니다. 승세를 잡은 페르시아 기병들이 모두 신이 나서 공격에 가담하자 틈이 생깁니다. 알렉산더 대왕은 이 기회를 놓치지 않고 자신의 직속 기병 부대를 이끌고 그 틈새로 비집고 들어가 기습공격을 퍼부었습니다.

그렇게 앞뒤 보지 않고 뚫고 들어간 알렉산더 대왕과 기병대는 다리우스의 바로 코앞까지 다가갑니다. 깜짝 놀란 다리우스는 줄행랑을 치죠. 적의 지휘관이 도망갔으니 이 전쟁의 승자는 알렉산더 대왕이었습니다. 틈이 생기기만을 노리고 있었던 알렉산더 대왕의 전략이 딱 맞아떨어진 것입니다.

알렉산더 대왕은 이 강력한 한 방을 먹이기 위해 적군이 밀고 들어올 때도 참아 냈습니다. 아군이 완전히 밀리는 것이 아닌가 싶은 순간 역설적으로 페르시아군이 몰려오는 틈에 생긴 약점을 공략한 것이지요. 반면 페르시아군은 눈앞에 적을 빨리 무너뜨려야겠다는 욕심 때문에 약점을 드러낸 것입니다.

한편으로는 도망친 다리우스의 심정이 아예 이해가 안 되는 것은 아닙니다. 승기를 잡았다고 생각했을 무렵 알렉산더 대왕이 갑자기 떡하니 나타났으니까요. 누구라도 놀랄 상황이었을 겁니다. 사실 다리우스의 뒤에는 코끼리 부대와 중갑 부대가 버티고 있었거든요? 그런데도 다리우스는 알렉산더 대왕을 보자마자 도망을 갑니다. 전열을 정비해서 싸우면 어떻게 될지 모르는 상황이었는데도 불구하고 알렉산더 대왕의 기세에 완전히 눌린 것이죠. 전쟁에서 리더가 얼마나 중요한가를 보여 주는 대표적인 사례입니다.

다시 전장으로 돌아가 보면, 알렉산더 대왕은 도망가는 다리우스를 쫓으려고 했습니다. 하지만 예상치 못한 상황이 발생하죠. 파르메니온의 아들이 알렉산더 대왕을 찾아와 도움을 청한 겁니다. 그때까지만 해도 페르시아군은 다리우스가 도망간 것을 모르고 있었습니다. 그러니 파르메니온 장군이 지키고 있던 쪽은 여전히 피터지게 싸움을 하고 있었던 것이지요.

아버지인 파르메니온이 위태로운 상황에 처하자 그의 아들이 '우리 아버지 살려 달라!' 며 찾아온 것이었습니다. 알렉산더 대왕은 다리우스를 쫓지 않고 돌아가서 후방을 공격합니다. 파르메니온을 구하고 다리우스의 기병들을 섬멸하죠.

우리는 가우가멜라 전투를 통해 알렉산더 대왕의 뛰어난 리더십을 볼 수 있었습니다. 알렉산더 대왕은 그야말로 머리, 배짱, 의리 뭐든지 최고인 리더였죠.

이 전투의 결과로 페르시아 왕국은 멸망하고, 알렉산더 대왕은 페르시아 전역의 지배권을 장악하여 왕 중의 왕으로 군림하게 됩니다. 또한 이 전쟁은 헬레니즘 시대를 여는 계기가 된 동시에 그 자신의 소원대로 알렉산더 대왕이라는 이름을 역사 속에 영원히 새기게 되는 위대한 업적으로 기록됩니다.

3장

- - - - - - - - -

제국으로 가는
발판을 마련한

포에니 전쟁

1
지중해 패권이 달린
포에니 전쟁의 배경

1) 알렉산더 대왕 사후 제국의 분열

포에니 전쟁은 기원전 264년에 로마와 카르타고가 벌인 세 차례의 전쟁을 뜻합니다. 여기서 '포에니(poeni)'라는 말은 '페니키아인의'라는 의미의 라틴어에서 유래했습니다. 카르타고가 페니키아에 기원한다는 것을 두고 로마인들이 그렇게 불렀던 것이지요. 개인적으로 마케도니아와 페르시아 전쟁보다 로마와 카르타고의 포에니 전쟁이 훨씬 더 흥미롭다고 생각합니다. 그 이유 중 하나는 제가 정말 좋아하는 한니발 바르카(Hannibal Barca, B.C. 247~183, 이하 한니발) 장군이 등장하니까요. 한니발 장군은 역사상 가장 위대한 명장으로 손꼽히는 인물이지요. 그런데 사실 그가 실제로 어떤 전쟁을 벌였고, 어떤 사람인지 잘 알려져 있지 않습니다. 이번 기회에 한니발 장군에 대해 제대로 한번 알아보기로 하죠.

알렉산더 대왕 사후 제국의 분열

먼저 포에니 전쟁의 시대적 상황부터 보겠습니다. 알렉산더 대왕이 죽고 난 후 그리스에는 왕위를 계승할 사람이 마땅치 않았습니다. 알렉산더의 아들이 있었지만 당시 겨우 두 살이었으니까요. 그 외에는 없었죠. 알렉산더 대왕은 영웅주의와 정권욕이 매우 강해서 자신의 정적을 단 한 명도 살려 두지 않았거든요. 그런데 아들은 어렸으니, 남은 건 그의 부하들 뿐이었습니다. 더구나 알렉산더 대왕은 생전에 따로 2인자를 키우지 않고 부하들에게 골고루 힘을 실어 줬기 때문에 결국 권력암투가 벌어지게 되고 나라가 여러 개로 쪼개집니다.

그중 제일 큰 세력은 안티고노스였고, 지도에 보이는 것처럼 여러 세력이 있었습니다. 재미있는 것은 그 부하들 중 하나인 프톨레마이오스가 이집트에 왕국을 세운다는 것입니다.

그 왕조의 이름 또한 프톨레마이오스인데, 그곳의 마지막 왕녀가 바로 클레오파트라입니다. 한마디로 클레오파트라는 이집트 사람이 아니라는 겁니다. 이집트는 이미 식민지 상태였으니 클레오파트라는 바로 지배국인 그리스 사람인거죠.

어쨌든 힘이 제일 센 안티고노스가 우두머리가 되려고 하자, 다른 사람들이 힘을 합쳐서 안티고노스를 멸망시킵니다. 그러고 나서는 서로 또 싸움을 벌이지요. 이렇듯 헬레니즘 시대는 땅을 나누고 싸우기를 반복하고 배신과 하극상이 난무하는 혼돈의 시대였습니다. 때문에 사람들은 혼란스러운 사회를 떠나 소소한 개인적인 행복을 추구하려고 했습니다.

어쩌면 현대에 나타나는 현상들과 비슷해 보입니다. 욜로와 소확행을 통해 개인의 행복을 찾으려고 하는 우리의 모습과도 비교해 볼 수 있을 것 같습니다. 이러한 헬레니즘 시대에 탄생한 철학 학파가 바로 개인주의에 기반한 금욕주의 철학인 스토아 학파, 쾌락주의를 기반으로 한 에피쿠로스 학파입니다. 아마 여러분도 철학시간에 들어본 적 있을 겁니다. 이 혼란스러운 시대를 배경으로 로마라는 대제국의 탄생이 임박합니다.

2) 로마와 카르타고

작은 국가로 출발한 로마는 다른 나라와 마찬가지로 많은 위기를 겪으면서 성장합니다. 그리고 우여곡절 끝에 이탈리아 반도의

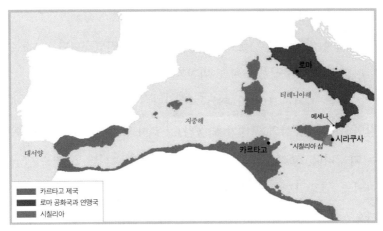

티레니아해

로마

메세나

시라쿠사

시칠리아 섬

카르타고

지중해

대서양

카르타고 제국
로마 공화국과 연맹국
시칠리아

1차 포에니 전쟁(B.C. 264~241)

대부분을 차지하게 됩니다. 로마가 이탈리아 반도를 거의 차지했을 때, 아프리카 북부 쪽에는 이미 지중해 해상권을 장악한 카르타고가 있었습니다.

지도를 보면 이미 카르타고가 큰 영역을 차지하고 있죠? 이 당시에 지중해 패권을 장악하고 있었던 것은 카르타고이고, 로마는 힘을 키워 나가던 시절입니다. 당시 최고 강국은 말할 것도 없이 카르타고였습니다. 지도에 표시된 카르타고 영역이 이를 증명합니다. 전부 바다를 끼고 있어서 해상권 장악으로 많은 돈을 벌었으리라 추측됩니다. 그리고 이 돈으로 지중해 해상권을 지키기 위해 군인들을 사들이기 시작합니다. 당시 카르타고는 작은 도시국가에 지나지 않았기 때문에 지중해 전체를 지배하기 위해서는 용병을 고용할 수밖에 없었죠.

그래서 카르타고의 군대는 주로 용병 중심이었습니다. 이것은 한니발 장군이 등장했을 때도 마찬가지였습니다.

로마는 카르타고와 반대입니다. 이탈리아 반도 안에 있으니까 당연히 육군 중심의 군대가 되겠지요. 로마 군대는 그리스 군대와는 다릅니다. 그리스군과 달리 로마군은 검을 씁니다. 그것도 단검이었죠. 그렇다면 로마 군대가 제일 잘하는 전투 스타일은 무엇일까요? 창과 칼의 차이를 생각해 보면 답이 나옵니다. 칼은 근접 전투용 무기이고 주로 백병전에 사용됩니다. 다시 말해, 로마 군대는 칼과 방패를 이용해 백병전을 제일 잘했던 군대입니다. 또한 용병이 아닌 시민군으로 이루어졌죠.

로마는 점차 힘을 길러 나감과 동시에 이탈리아 반도를 정복해 나갔습니다. 이때 두 나라의 갈등을 불러일으키는 도시가 있었으니, 바로 메시나(Messina)입니다. 이탈리아 시칠리아 섬 북동쪽에 있는 항구도시인데 지중해 해상교통의 요지였죠. 카르타고 입장에서는 시칠리아 섬이 로마 수중으로 떨어지면 수도가 바로 노출되기 때문에 굉장히 위험해질 수밖에 없는 상황인 거죠. 그런데 힘이 강해진 로마가 시칠리아 섬을 욕심내기 시작합니다. 당연히 카르타고 입장에서는 가만히 있을 수 없었겠죠. 이렇게 두 나라 사이에 갈등이 증폭됩니다.

2
전쟁의 국면을 바꾼 까마귀

　로마와 카르타고의 갈등이 제일 먼저 가시화된 사건이 바로 시칠리아 내전입니다. 당시 메시나는 반란군에 점령당한 상태였기에 카르타고에 도움을 요청하고, 반란군은 이에 대비하기 위해 로마에 구원을 요청합니다. 결국 이곳 메시나에서 처음으로 카르타고와 로마 사이에 전투가 벌어집니다. 앞의 지도에 초록색으로 표시된 시라쿠사가 있죠? 시라쿠사도 하나의 도시인데, 중립을 지키다가 로마의 편을 들면서 끝까지 카르타고를 괴롭힙니다. 이런 상황을 계기로 로마와 카르타고 사이에 전쟁이 벌어지는데 이것이 바로 1차 포에니 전쟁입니다. 무려 23년간 전쟁이 계속되었으며 한니발 장군의 아버지가 참전한 전쟁이기도 합니다.

　23년의 전쟁이라니 상상하기 힘든 긴 전쟁입니다. 어쨌거나 두 나라는 끈질기게 싸움을 진행합니다. 시칠리아 섬에서 주로 전투

- 시칠리아 섬을 두고 벌어지는 두 나라의 지배권 다툼
- 로마 : 육지전 강세, 시민군 중심
- 카르타고 : 해전 강세, 용병 중심
- 로마의 해전 승리
- 로마의 코르부스 발명 → 해전의 육전화 성공

가 벌어졌는데, 특히 해변에서 자주 부딪쳤습니다. 즉 해전이 많이 벌어졌다는 것입니다. 두 나라 모두 배를 타고 군사를 보내죠. 이때 어느 나라의 해군이 더 강할까요? 카르타고입니다. 하지만 결과는 달랐습니다. 로마가 승리하죠. 그렇다면 로마는 어떻게 승리할 수 있었을까요?

그리스와 페르시아가 격돌한 살라미스 전쟁을 떠올려 볼까요? 갤리선은 V자형으로 되어 있고 3단으로 노를 젓습니다. 그래서 작은 배로 큰 배를 스치면서 노를 부러뜨리면 이길 수 있다고 했죠. 노를 부러뜨려 배가 균형을 잃고 군사들이 우왕좌왕할 때, 배 위에 올라타서 공격하는 것이 당시의 전형적인 해전 스타일입니다.

> **Tip** 적벽대전(赤壁大戰, 208년)
> 중국의 삼국 시대, 통일을 목표로 세력을 계속 팽창하던 조조에게 손권과 유비가 연합해 대항하여 후베이성(湖北省), 자위현(嘉魚縣)의 북동, 양쯔강(揚子江) 남안에 있는 적벽에서 벌어진 큰 전투이다.

포에니 전쟁에 참전한 배 역시 모두 갤리선입니다. 다만 카르타고는 주로 5단 갤리선인 반면, 로마는 여전히 3단 갤리선이었죠. 더구나 로마는 해전에 익숙하지 않았습니다. 마치 적벽대전*의 위나라 군대와 같은 상황입니다. 예를 들어, 조조는 적벽대전에서 배가 흔들리지 않도록 모두 묶어서 연환계(連環計, 고리를 잇는 계책)를 썼죠. 실패로 돌아가긴 했지만 해전의 육전화를 꾀한 겁니다.

로마도 마찬가지로 해전에 강한 적을 상대로 해전을 육전화할 방법을 찾습니다. 삼국지의 조조의 계책은 실패하는 반면, 로마는 이 전략을 성공해 냅니다. 로마는 '까마귀'를 발명함으로써 전쟁의 국면을 바꿔 버리죠. 하늘을 날아다니는 까마귀가 아니라, 배 앞의 장치를 말합니다. 아래 로마군 배의 모형을 자세히 보면 사다리 같은 긴 나무 판자 끝에 박혀 있는 뾰족한 송곳이 보일 겁니다. 이것이 코르부스(corvus, 까마귀 부리), 즉 까마귀라고 불린 장치입니다. 어떤 용도의 장치였을까요?

로마군 배의 코르부스

예를 들어, 로마의 배 근처에 카르타고의 배가 접근한다고 생각해 봅시다. 이때 로마는 코르부스를 통해 카르타고의 배로 쉽게 넘어갈 수 있습니다. 평소에는 끈으로 묶어 놓다가 적군의 함대가 근접하면 줄을 풀어 사다리를 내리는데, 이때 까마귀 부리 같은 장치가 적군의 배에 딱 찍힙니다. 그러면 상대방은 도망가고 싶어도 도망갈 수가 없죠. 그사이에 군사들이 쭉 넘어가는 거예요. 배가 움직여도 연결되어 있으니까 도망갈 수가 없죠. 그렇게 로마군은 적군의 배로 넘어간 후 자신들이 잘하는 백병전으로 적을 무찔렀죠. 로마가 수전의 육전화를 실현시킬 수 있었던 것은 이런 기발한 장치를 발명해 냈기 때문이었습니다. 어떻게 보면 삼국지의 조조와 똑같은 전법을 쓴 거예요. 조조가 배를 묶었듯 로마는 배를 연결시킨 거죠.

바로 이것이 23년이나 지속되던 1차 포에니 전쟁의 흐름을 바꾼 획기적인 전술입니다. 물론 긴 시간 동안 싸우면서 로마 군대도 수전에 익숙해진 것도 있었고, 무엇보다 카르타고가 아군이라고 믿고 있던 시라쿠사가 로마의 편을 들어주면서 전세가 점차 로마 쪽으로 기울어집니다. 또한 로마 군대의 주력군은 시민군인 반면에 카르타고의 군대는 용병이기에 전투에 임하는 자세가 다를 수밖에 없었습니다. 이런 여러 가지 상황들이 겹치면서 1차 포에니 전쟁은 로마의 승리로 끝납니다.

3
—
한니발의 굳은 결의

1) 한니발의 아버지, 하밀카르

한니발 장군은 1차 포에니 전쟁에 참전했던 카르타고의 하밀카르 바르카스(Hamilcar Barcas, B.C. 270~228추정, 이하 하밀카르) 장군의 아들입니다. 하밀카르는 1차 포에니 전쟁에서 총사령관 지위를 맡았었죠.

당시 카르타고의 장군들은 중국의 주나라 시절의 봉건 영주들이라고 생각하시면 됩니다. 일반적으로는 그들 중 가장 힘이 센 영주가 총사령관이 됩니다. 예를 들어, 지금으로 치면 경남도지사나 경기도지사일 겁니다. 만약 경남의 군대가 가장 강하면 경남도지사가 총사령관을 맡는 격인 것입니다. 하밀카르도 이와 마찬가지로 총사령관이 되었던 거죠.

2차 포에니 전쟁(B.C. 218~202)
·하밀카르 1차 포에니 전쟁 이후 스페인 이주
·B.C. 221년 한니발(26세) 카르타고 사령관
·B.C. 218년 사군툼 점령
·17년간 이탈리아 반도 점령

1차 포에니 전쟁 때 총대장이었던 하밀카르는 전쟁이 끝난 후 에스파니아, 즉 스페인으로 이주합니다. 왜 당시 시골이나 다름없던 에스파니아로 이주했을까요? 가장 큰 이유는 내부의 정치적 혼란과 내분 때문이었습니다.

로마는 내부의 지원이나 단결이 잘 됐는데, 카르타고는 내부의 정치적 알력과 권력 다툼이 컸거든요. 무역을 통해 너무 많은 부를 축적했던 게 오히려 화근이 되었던 것이지요. 돈이 많으면 모든 것이 썩게 됩니다. 상대적으로 로마는 가난했기 때문에 그럴 일이 없었어요. 로마인들은 가난하니까 '전쟁에 이겨서 약탈을 많이 해 오려면 우리끼리라도 단결해야지' 라고 생각한 것입니다.

반면에 카르타고는 모자람이 없었기 때문에 '전쟁에서 지면 배상금 좀 주고 말지 뭐. 돈이야 또 벌면 되니까' 이런 식이었던 겁니다. 실제로 1차 포에니 전쟁이 끝나고 부과된 배상금이 그다지 많지 않았거든요.

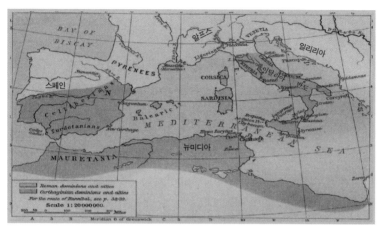

2차 포에니 전쟁(B.C. 218~202)

내부의 사정과 상관없이 하밀카르는 정말 열심히 로마와 싸웠습니다. 그런데 위에서 정치하던 사람들이 전쟁 상황을 조금 지켜보더니 불리해지니까 '그냥 배상금 주고 끝내지 뭐. 그 돈 없다고 우리가 못살까 봐?' 하면서 전쟁을 끝내 버린 거예요. 그런 세태에 염증을 느낀 하밀카르는 용병을 모두 이끌고 스페인으로 떠났습니다. 그리고 스페인 총독으로 지내다가 사망합니다. 그 아들 한니발은 26세의 젊은 나이로 카르타고의 총사령관이 되죠.

사실 한니발은 9살 때부터 '평생 동안 로마를 원수로 생각하고 로마를 무너뜨리기 위해 헌신하겠다'고 말하고 다녔다고 합니다. 어떻게 보면 아버지로부터 애국심에 대한 조기교육을 강하게 받은 것으로 볼 수도 있겠네요.

2) 한니발의 사군툼 점령

총사령관으로 3년을 보내고 29세가 된 한니발은 드디어 몸을 풀기 시작합니다. 지도를 보면 지브롤터 해협, 마드리드, 해안 쪽에 사군툼이 있습니다. 이 사군툼을 한니발이 점령해 버리는 겁니다.

사군툼을 점령하는 게 뭐 그렇게 중요한가라고 생각할 수 있지만, 알고 보면 이곳은 굉장히 중요합니다. 사군툼 위쪽이 피레네 산맥입니다. 앞에서 우리는 당시 배들이 대양을 건너기가 힘들다는 이야기를 했습니다. 그래서 사군툼을 점령하면 스페인에서 로마를 향해 갈 때 굽이굽이 해안선을 따라 육지로 갈 수 있는 거예요. 말하자면 사군툼을 쳐들어간다는 것은 로마로 쳐들어가겠다는 야욕을 내보인 사건이었던 것이죠. 이렇게 드디어 2차 포에니 전쟁

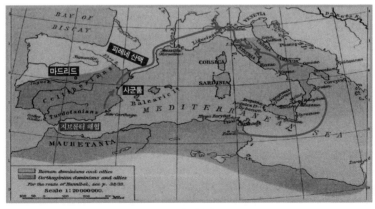

한니발의 사군툼 점령과 이동루트

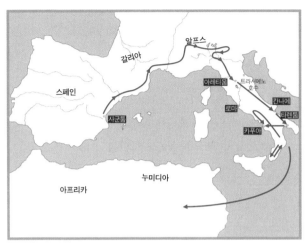

한니발, 알프스를 넘다

의 막이 오르기 시작합니다.

조금 다른 이야기지만, 전쟁사를 좋아하는 많은 사람이 한니발에 열광합니다. 사람들이 한니발에게 열광하는 이유를 바꿔 말해 보면, 스타크래프트라는 게임을 하는 유저들이 이윤열 선수보다 임요환 선수에게 더 열광했던 이유와 같을 겁니다. 임요환 선수가 인기가 있는 것은 승률이 높기 때문만은 아닙니다. 그가 우리의 상상을 뛰어넘는 컨트롤로 전투에서 승리하기 때문이죠

설령 지더라도 각각의 전투에서 마술에 가까운 기량을 보여 주었기 때문입니다. 한니발 장군도 마찬가지입니다. 예상치 못한 전술로 사람들에게 놀라움을 안겨 줍니다. 비록 최종적으로는 패배하지만요.

· 한니발(29세), 로마 점령 작전 개시
· 로마, 마르살라 병력파견
· 한니발군 알프스 종단으로 군사 수 감소
 - 보병 5만 명 + 기병 9,000명→ 보병 2만 명 + 기병 6,000명

한니발이 사군툼을 점령하자 로마도 긴장을 합니다. 3년이 흐른 어느 날 드디어 한니발이 사군툼에서 군대를 이끌고 로마를 향해 출발합니다. 2차 포에니 대전의 시작된 것이지요. 앞서 한니발이 사군툼을 왜 점령했는지 말씀드렸죠? 바르셀로나를 거쳐서 마르세유, 칸, 카지노, 모나코로 쭉 이어지는 해안가를 따라서 전진을 시작한 겁니다. 이에 로마는 마르살라로 병력을 파견합니다. 마르살라에서 한니발을 막아 보려는 거죠.

3) 한니발, 알프스를 넘다

한니발 하면 무엇이 생각납니까? 한니발에 대해 이야기할 때 우리는 그가 알프스를 넘었다고 말하죠. 우리는 한니발 장군이 나폴레옹보다도 더 먼저 알프스를 넘었다고 이야기합니다. 그렇다면

한니발 장군은 왜 알프스를 넘었을까요?

앞에서 로마 군대가 한니발의 진격을 막기 위해 마르살라에 진을 치고 기다리고 있다고 했습니다. 당연히 이 당시에는 식량 보급과 지리 파악에 유리한 해안을 따라 진군하는 것이 상식이었죠. 그러니 로마는 한니발 군대도 당연히 해안을 따라, 즉 마르살라를 거치지 않고 갈 수는 없을 거라고 예상한 겁니다. 그런데 한니발은 더 이상 해안가로 가지 않고 알프스로 동선을 바꿉니다. 로마 군대의 입장에서 보면, 마르살라에서 한니발 군대가 오기를 기다리고 있는데 군대가 사라져 버린 거죠.

기다려도 나타나지 않자 로마군은 한니발 군대가 오다가 뭔가 문제가 생겨서 돌아간 거라 생각합니다. 그리고 어느 정도 안심을 하고 있었죠. 그런데 갑자기 이탈리아에 한니발의 군대가 나타났다는 소식을 듣게 됩니다. 로마 입장에서는 상상도 못한 일이었습니다. 당시 알프스를 넘은 한니발의 군대 규모는, 보병이 5만 명에 기병이 9,000명이었습니다. 코끼리도 37마리가 있었어요. 그런데 험난한 알프스를 넘고 나니 보병은 2만 명으로 줄고 기병도 6,000명으로 줄어 버렸습니다.

사실 로마의 입장에서는 공포에 떨 일이 아니었죠. 적의 숫자가 얼마 되지 않았으니까요. 당시 로마에서 군인으로 징발할 수 있는 성인 남성의 숫자가 75만에서 100만 정도였습니다. 말하자면 로마는 마음만 먹으면 100만 대군을 모을 수 있었던 겁니다. 알프스를 넘어온 한니발의 군대는 고작 2만 6천 명이에요. 게임이 안 되는 거죠.

우리나라로 치자면 중국이 배를 타고 쳐들어온다고 해서 인천이 나 서해를 지키고 있었는데, 갑자기 강원도 삼척에서 중국 군대가 나타난 셈이니까요.

더 재미있는 건 이탈리아에서 17년 동안 전쟁이 벌어진다는 것 입니다. 한니발이 이탈리아에서 17년을 싸운 거죠. 한니발이 처음 로마로 진격할 때 나이가 29세였으니 따져 보면, 29살부터 46세가 될 때까지 이탈리아에 머문 것입니다. 기가 막히죠? 한니발을 따 라온 부하들은 어떻게 되겠어요? 소년병들이 결혼해서 자식을 둘 나이가 된 거죠.

한니발이 대단한 이유는, 예를 들어 쿠바의 혁명가 체 게바라와 비슷합니다. 체 게바라가 쿠바로 들어올 때 82명이 8인승 보트 그 란마를 타고 오면서 대부분 죽고 겨우 10명 정도가 상륙하죠. 그런 데 그 소수의 사람을 데리고 수만 명의 정부군과 싸워서 승리하고 쿠바 혁명을 성공시킵니다. 한니발도 다르지 않아요. 100만 로마 군대가 있는 곳에 2만 6천 명을 이끌고 들어가서 17년 동안 싸움을 벌이는데, 단 한 번의 패배도 기록하지 않습니다.

더 대단한 이유는 장비가 우수했던 것도 아니고, 보급이 원활했 던 것도 아니었다는 사실입니다. 보급도 잘 되지 않는 적진 속에서 30~40배나 많은 군대와 17년 동안 전쟁하면서 한 번도 지지 않은 거예요. 그래서 사람들이 전쟁 영웅 중에서 한니발을 제일 좋아하 는 것입니다.

자, 그렇다면 한니발이 어떤 전술을 썼기에 매번 이길 수 있었을까요? 한니발의 전투를 어떤 전쟁을 벌였는지 하나하나 살펴보면서 그 답을 찾아보도록 하겠습니다.

4) 트라시메노호 전투

트라시메노호 전투는 지형과 지물을 아주 잘 활용한 전투입니다.

트라시메노호 전투		
	로마	카르타고
병력	4만 명	2만 6천 명
지휘	플라미니우스	한니발
결과	1만 7천 명 사망, 8,000명 포로	1,500명

한니발 장군의 최고 장점은 지형과 지물을 잘 활용한다는 것입니다. 한니발은 이 트라시메노호 전투에서도 그 장점을 발휘하죠. 전투 결과 로마 군대는 2만 5천 명 중에서 1만 7천 명이 사망하고 8,000명이 포로가 됩니다. 플라미니우스의 2만 5천 명 중 살아 돌아간 사람은 0명입니다. 왜 아무도 살아서 돌아가지 못했을까요?

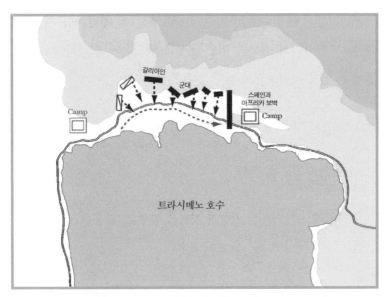

트라시메노호 전투

사실 이 싸움은 전투라고 하기도 민망합니다. 당시 로마군은 호수 주변을 행진했습니다. 그런데 길이 좁아지면서 6~10열로 가던 군대의 대열을 유지하기가 어려워졌죠. 좁은 길을 따라 대열을 축소해 길게 늘어뜨려 가고 있는데 마침 갈대숲도 있고 안개도 끼어 있습니다. 한니발 군대는 이런 지형과 지물을 이용해 매복해 있었죠. 결국 로마군은 무방비 상태에서 한니발 군대에 기습을 당합니다. 일방적인 공격이었죠. 생각해 보세요. 자신의 나라에서 전쟁을 하는데 누가 지형지물을 이용하기 좋을까요. 그 나라에 살고 있는 군대겠죠.

하지만 거꾸로 쳐들어온 군대가 지형지물을 이용해서 싸운 거예요. 그러니 한니발이 로마 침략을 위해 얼마나 많은 준비를 했는지를 알 수 있죠. 타국의 군대가 적진의 환경을 이용해 승리를 거두는 사례는 역사에서도 찾아보기 쉽지 않습니다.

5) 칸나에 전투

두 번째 전투인 칸나에 전투는 한니발 장군이 참전한 전투 중 가장 유명한 전투입니다.

칸나에 전투		
	로마	카르타고
병력	보병 8만 명, 기병 7,000명	보병 4만 명, 기병 1만 명
지휘	파울루스, 바로	한니발
결과	4만 5천 명~7만 명 사망	6,000명 사망

칸나에 전투에 동원된 군대를 보면 로마 보병이 8만 명이고, 카르타고 보병이 4만 명입니다. 로마 기병은 7,000명이고, 카르타고 기병은 1만 명입니다. 카르타고의 지휘관은 한니발이었고, 로마의 지휘관은 루키우스 아이밀리우스 파울루스(Lucius Aemilius Paullus)와

타렌티우스 바로(Tarentius Varro) 두 사람이었습니다. 결론적으로 로마는 이 전투에서 5만 명이 사망하고 1만 명이 포로로 잡힙니다.

이 전투에서 놀라운 부분은 로마군 5만 명 모두가 하루에 몰살당했다는 것입니다. 인구가 훨씬 많은 동양의 전투에서도 하루에 5만 명이 사망한 전투는 거의 없습니다.

물론 현대로 들어오면서 그 숫자는 기하급수적으로 늘어납니다. 하지만 이 당시에는 놀라운 기록이었죠. 한니발은 어떤 전략으로 적군에게 큰 피해를 입힌 걸까요? 그 답은 알렉산더 대왕에 있습니다. 평소 한니발은 최고의 모범이 되는 전략가로 알렉산더 대왕을 꼽았습니다. 특히 알렉산더의 강점은 기병에 있었죠. 그를 따라 한니발 역시 보병보다 기병을 더 중시했습니다. 알렉산더 대왕 이후부터 양쪽에 기병이 서고, 그사이에 보병이 배치되는 형태가 기본 전투 대형으로 자리 잡게 됩니다.

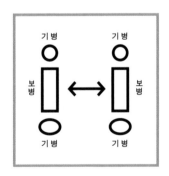

알렉산더 대왕 이후 보병과 기병의 기본 대형

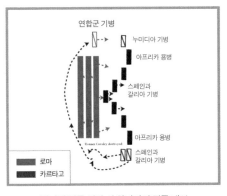

연합군 기병

누미디아 기병

아프리카 용병

스페인과
갈리아 기병

Roman Cavalry destroyed

아프리카 용병

스페인과
갈리아 기병

로마

카르타고

칸나에 전투 시작 시 한니발의 전투 대열

　기본 대형을 갖추고 있는 두 진영이 싸울 때 승리의 포인트는 어디에 있을까요? 중요한 것은 어느 쪽 기병이 먼저 보병의 뒤를 잡느냐입니다. 다르게 표현하면 누가 먼저 포위하느냐죠. 그렇기 때문에 때에 따라 양옆에 궁병을 세워서 보병을 보호하려고 하는 방법을 쓰기도 합니다. 어쨌든 보병은 뒤쪽이 가장 취약하므로, 전투에서 승리하기 위해서는 보병의 뒤를 잡는 기병의 전략이 가장 중요합니다. 한니발은 여기서 기가 막힌 전법을 씁니다. 보병 부대를 활 모양으로 앞쪽에 배치합니다. 사실 현재와 같은 배치로 두 진영이 맞부딪칠 때 이기는 쪽은 무조건 로마입니다. 대열도 훨씬 길고 3열까지 있으니까요. 카르타고는 1열, 2열, 3열을 만나면서 계속 밀리게 됩니다.

그런데 시간이 지나면 이 대열은 다음의 그림처럼 모습이 바뀝니다. 로마군이 어느새 카르타고군에게 포위된 것 같은 모양새죠? 한니발은 바로 이것을 노렸던 것입니다.

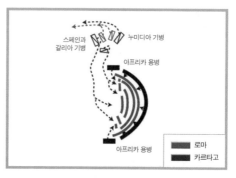

한니발의 칸나에 전투

뒤늦게 상황을 눈치챈 로마군은 당황하기 시작합니다. 게다가 카르타고에는 많은 기병이 있습니다. 특히 이 기병은 당시 용감하기로 유명한 누미디아 기병이었습니다. 로마군은 포위당한 상태에서 카르타고군과 기병전을 치르게 됩니다. 처음에는 보병이 겹겹이 늘어서 있어서 로마가 훨씬 더 강했지만, 종국에는 카르타고의 기병이 뒤로 돌아서 포위된 로마 군대를 치고 들어오는 거예요. 이렇게 한니발은 칸나에 전투에서 5만 명의 로마군을 전멸시킵니다.

그런데 당시 로마가 대단한 것이 끝까지 근성을 보여 줍니다. 보통 전투에서 대패하면 두려움에 떨면서 수도를 버리고 다 도망을 갔을 겁니다. 아니면 항복한 뒤 적당히 배상금 협상을 했겠죠. 하지만 로마는 도망가지도, 항복하지도 않았습니다. 칸나에 전투 이후 한니발은 로마에 항복할 것을 종용하죠.

"이 정도 혼났으면 항복하고, 보상금을 내놔. 1차 포에니 전쟁에서는 로마가 이기고, 2차 포에니 전쟁에서는 우리가 이겼으니 보상금만 주면 나도 물러가겠어"라고 요구를 하는데, 로마가 단호하게 거절합니다.

로마의 거절로 한니발은 곤란해졌습니다. 사실 전쟁이 길어질수록 불리한 것은 카르타고였거든요. 게임을 할 때도 자원이 많은 쪽이 이기잖아요.

로마는 계속 자원을 만들어 낼 땅이 있으니 피해는 커도 자원이 고갈될 위험은 상대적으로 적습니다. 카르타고는 원정을 온 것이니 아무리 유리한 입장이라고 해도 시간이 지날수록 결과를 장담할 수 없었죠. 그러니 사람들은 시간이 지나면 로마가 승리하리라 예측했습니다. 실제로 전투에서 이기는 것은 한니발이었지만요.

그래서 사람들은 한니발이 칸나에 전투에서 이긴 후 그 기세를 몰아 로마로 진격했더라면 아마도 로마를 물리치고 승리를 했을 수도 있을 거라고 합니다. 물론 이것에 대해서는 논쟁이 많습니다.

칸나에 전투 이후 한니발의 이동경로

칸나에 전투 이후 한니발의 이동경로를 살펴볼까요? 지도를 보면 아래쪽 빨간 동그라미가 칸나에고 위쪽 빨간 동그라미가 로마입니다. 칸나에 전투에서 대승을 거둔 한니발은 로마를 점령할 수 있는 상황임에도 불구하고 로마로 향하지 않고 계속 아래쪽에서만 돌고 있습니다. 이상하죠? 두 번이나 큰 승리를 거두었으니까 로마를 공격하면 함락시킬 수 있을 것 같은데, 왜 로마로 쳐들어가지 않았을까요?

개인적인 생각으로는 한니발의 목적이 점령이 아닌 항복에 있었기 때문이라고 생각합니다. 로마를 점령할 수 있다는 걸 한니발이 몰랐을 리 없습니다. 하지만 로마를 점령한다고 전쟁이 끝나지 않는다는 판단을 내린 게 아니었을까요? 로마를 차지한 이후에도 지방의 반란은 계속될 것이기 때문에 한니발이 이끌고 온 군대만으로는 이탈리아 반도 전역을 지배할 수는 없었을 겁니다. 그래서 한니발은 로마에게 항복을 받아 내는 것이 곧 전쟁을 끝낼 수 있는 길이라 생각했던 것 같습니다. 물론 저의 추측입니다.

칸나에 전투에서 로마군이 대패하고 난 후에는 큰 전투가 일어나지 않습니다. 한니발을 전투에서는 절대 이길 수 없다고 판단한 로마는 전투를 의도적으로 피합니다. 한니발이 쳐들어오면 즉각 후퇴를 하는 방식이었죠. 로마의 전략은 간단했습니다. 여기저기 땅이 넓고 자원이 많으니까 한니발이 쳐들어오면 그곳을 포기하고 옆으로 가는 거예요. 불필요한 싸움을 피하고 시간을 끄는 거죠. 어차피 한니발은 자신이 점령한 한정된 공간의 자원만 취할 수 있고, 나머지는 여전히 로마의 땅이니까요.

그리고 한니발 군대는 2만 6천 명에서 더 늘어나지 않는다는 한계를 가지고 있었습니다. 그러니까 한 곳을 점령한 후 5,000명 남

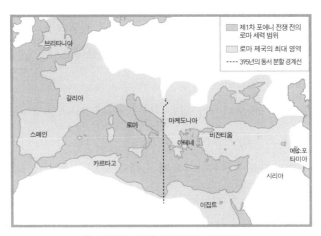

칸나에 전투 패전 후 사면초가에 빠진 로마

겨 놓고 나머지는 다른 곳으로 가야 하는 것이죠. 또 다른 점령지가 생기면 다시 5,000명을 두고 다른 곳을 점령하러 떠납니다. 점령하는 곳이 많아질수록 전투를 할 수 있는 군사는 적어지고, 다른 곳을 점령할 힘은 약해지겠죠. 이 사실을 간파한 로마는 농성전을 펴는 전략을 통해 전쟁을 장기화하고자 합니다. 하지만 로마의 이런 전략과는 별개로 한니발은 단 한 번의 전투에서도 패배하지 않고 승리를 이어갑니다. 로마도 지쳐 가기 시작하죠. 대외적으로도 사면초가에 빠지게 됩니다.

로마의 당시 상황을 살펴보기 위해서는 일단 남쪽 지중해에 있는 시칠리아 섬을 봐야 합니다. 시칠리아 섬에 있는 시라쿠사 때문에 1차 포에니 전쟁이 벌어졌다고 말씀드린 적이 있었죠? 당시 시라쿠사 왕은 카르타고가 아닌 로마편을 들었는데, 이 시라쿠사 왕이 죽자 나이 어린 손자가 집권을 하게 됩니다. 시라쿠사에서는 곧 어린 왕을 제거하려는 쿠데타가 일어나고 이 세력을 배후에서 지원하는 곳이 바로 카르타고였습니다. 쿠데타가 성공하면서 시라쿠사 역시 카르타고의 영향권 안에 들어가죠. 로마로서는 남쪽의 동맹군이 없어진 것입니다.

동쪽에는 마케도니아가 있습니다. 칸나에 전투 당시 마케도니아는 필리포스 5세가 집권하고 있었는데, 이 사람 역시 카르타고의 편에 서 있었지요. 로마의 서쪽에 있던 스페인은 이미 한니발에게 점령당하고, 그 후로 한니발의 동생인 하스드루발이 스페인을 장악하고 있었습니다.

북쪽에 위치한 나라는 프랑스 갈리아입니다. 갈리아는 한니발이 겨울 알프스를 넘을 때 도움을 준 나라입니다. 당시 로마는 한니발이 여름도 아니고 겨울에 알프스를 넘었다는 사실에 깜짝 놀라죠. 그 추운 곳을 군대를 이끌고 올 줄은 꿈에도 생각하지 못했으니까요. 어쨌든 한니발과 갈리아의 협력은 마치 제갈공명과 맹획의 관계를 떠올리게 합니다. 맹획은 제갈공명이 정복한 곳인데 나중에 제갈공명과 우호적이 됩니다. 이처럼 갈리아와 한니발도 협력 관계가 된 것이지요.

이렇게 살펴보니, 로마의 동서남북 모두 카르타고와 친한 나라들만 있습니다. 심지어 로마에는 한니발이 와서 주둔을 하고 있는 실정이죠. 로마는 완전히 진퇴양난에 빠졌죠. 그래서 한니발이 항복하라는 뜻의 협상안을 보내왔을 때 로마의 내부에서는 항복하자는 의견이 많았습니다. 그러나 결과적으로 로마는 항복 요구를 거절합니다.

그때 한니발에게는 8,000명의 포로가 있었습니다. 그 당시에도 지금과 마찬가지로 포로를 교환할 때는 일대일 교환이 원칙이었습니다. 한니발로부터 포로를 데려오려면 로마에도 포로가 있어야 합니다. 하지만 로마에는 교환할 포로가 없었습니다. 그도 그럴것이 한니발의 군대는 패한 적이 없기에 포로도 없었던 것이죠. 그래서 한니발은 교환할 포로 중에서 10명을 뽑아 로마에 보내 협상을 하게 하죠. '너희는 포로가 없으니까 포로 대신 돈을 내놔라' 하고 요구사항을 보냅니다.

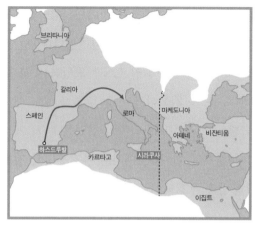

스피키오 형제의 하스드루발 방어

이 요구를 받아들인다는 것은 항복이나 다름없기 때문에 로마 원로원은 이를 받아들이지 않고 포로를 다시 돌려보냅니다. 그리고 끝까지 싸우겠다고 다짐합니다. 돌아온 포로를 본 한니발은 8,000명의 포로를 마케도니아 옆에 있는 그리스에 노예로 팝니다. 노예로 팔려 나간 8,000명 포로들의 친인척은 여전히 로마에 있겠죠? 자신들의 형제가 노예로 팔리는 것을 목격한 로마인들은 분노에 차 전의를 가다듬고 카르타고에 대한 항전의지를 불태우게 됩니다.

6) 로마의 반격

이번에는 로마가 이 위기를 어떻게 해결해 나가는지 하나씩 보도록 하겠습니다. 가장 먼저 살펴볼 것은 로마의 사면초가 탈출 작전입니다. 로마는 동쪽의 마케도니아를 견제하기 위해 그리스를 지원합니다. 그리스와 마케도니아는 앙숙이었거든요. 마케도니아의 알렉산더 대왕에게 점령당한 과거를 가지고 있던 그리스는 로마의 지원을 기쁘게 받아들이죠. 그렇게 그리스는 마케도니아와 싸움을 하게 되고 마케도니아는 자연스럽게 로마를 공격할 힘이 부족해집니다.

로마의 두 번째 전략은, 스페인의 하스드루발을 견제하는 것입니다. 로마에는 하스드루발의 형인 한니발이 있죠. 한니발은 하스드루발의 지원군을 기다립니다. 하스드루발의 스페인 군대는 매우 막강했기 때문에, 로마는 스피키오 형제를 보내서 하스드루발을 막으라고 명령합니다.

실제로 스피키오 형제가 하스드루발을 8년 동안 막아 내는데 성공하죠. 하스드루발은 스피키오 형제에게 막혀서 한니발에게 지원군을 보내 주지 못하게 됩니다. 따라서 한니발도 이탈리아에 계속 머무르게 되고, 교착과 대립 상태가 지속됩니다.

그다음에 갈리아군은 어떻게 할까요? 달랩니다. '평화롭게 지내자. 너희는 중립만 지켜라. 어느 편도 들지 말라'고 잘 합의를 해서 멈추게 합니다. 마케도니아, 하스드루발, 갈리아가 차례로 로마의 손아귀에 들어가게 됩니다.

그리고 가장 중요한 시라쿠사가 남아 있었습니다. 이곳으로 인해 전쟁이 발발했었죠. 이곳은 로마가 직접 쳐들어갑니다. 카르타

- 에스파니아 → 스피키오 형제 공격
- 마케도니아 → 그리스의 반란 사주
- 시라쿠사 → 아르키메데스의 결사항전(아르테미스 축제일의 습격)
- 갈리아 → 칸나에 이후, 북쪽으로 퇴각

고로 향하는 병목을 확보하기 위한 기습작전을 펼치죠. 시라쿠사와의 전쟁에서 이긴 로마는 카르타고의 목줄을 쥐게 됩니다. 로마에 끝까지 맞서 싸우던 시라쿠사는 결국 점령당하는데, 이때 유명한 수학자인 아르키메데스가 사망합니다. 여기에는 얽힌 일화가 하나 있습니다.

아르키메데스는 시라쿠사와 로마가 격돌하는 중에도 바닥에 지도를 그려 원통형의 각도를 계산하고 있었다고 합니다. 그런데 로

아르키메데스, 지구를 들어올리다(좌) | 축성기(우)

마군이 와서 발로 바닥을 문질러 버린 거예요. 아르키메데스는 "지우지 마!"라고 화를 냈겠죠? 그러자 로마군이 찔러 죽인 겁니다.

다소 어처구니없이 세상을 떴지만, 아르키메데스는 당대 가장 유능한 과학자였습니다. 생전에 남긴 가장 유명한 말은 "나에게 큰 지렛대가 있다면 지구를 들어 올리겠다"는 말입니다. 왼쪽 그림이 아르키메데스가 지구를 들어 올리는 것을 형상화한 것입니다. 그는 많은 발명품을 남겼는데, 대다수가 무기입니다. 당시 과학자들은 전부 무기 개발 과학자였거든요. 그의 발명품 중에서는 돌을 날려 성을 부수는 축성기도 있습니다. 이 기계가 등장하면서 축성, 공성전이 아주 활발해지게 되죠. 그 이전의 돌차는 돌을 그냥 날아가게 하는 성능밖에 없었는데, 아르키메데스가 개발한 축성기는 거리를 조절할 수 있는 무기였다고 합니다.

이렇게 로마가 바쁘게 움직이면서 역전의 기운이 형성되기 시작합니다. 1차 포에니 전쟁에서도 그렇듯 문제는 항상 카르타고 내부의 분열과 무능에서 찾아옵니다. 카르타고가 무너지는 가장 대표적인 사건은 바로 다음에 이어집니다. 카르타고로 가는 목줄을 잡고 있는 시라쿠사가 로마에게 침략당했는데도 카르타고 본국에서는 지원병을 파견조차 하지 않습니다. 내부에서는 찬반 논란으로 입씨름만 하고 있었던 것입니다. 한니발의 입장에서는 정말 복장 터지는 상황이 아닐 수 없었습니다. 이렇게 전쟁은 어느새 한쪽으로 기울어지고 있었습니다.

7) 하스드루발, 알프스를 넘다

시라쿠사가 함락당했다는 소식을 듣게 된 동생 하스드루발이 재빨리 한니발을 도와주러 가려고 하는데 스피키오 형제가 그 앞을 막아섭니다. 다음의 그림에 표시되어 있는 빨간색 원이 바로 하스드루발과 스피키오 형제들이 크게 전투를 벌인 곳입니다. 바로 베티스 고지의 전투입니다.

이 전투 결과, 스피키오 형제가 모두 죽고 하스드루발이 승리합니다. 로마는 또 한 번 경악을 합니다. 하스드루발이 곧 로마로 넘어오게 생겼으니까요.

베티스 고지의 전투로 인해 스피키오 형제가 사망하자, 이후 푸블리우스의 아들이 26살의 나이로 이를 수습기 위해 투입됩니다. 놀라운 것은, 당시 로마에서 군단을 지휘하기 위해서는 집정관이나 전직 집정관 혹은 법무관(재판관)이어야 했습니다. 그리고 이런 자리에 선출되기 위해서는 40세가 넘어야 하고요. 우리나라 대통령도 40세가 넘어야 출마할 수 있지요. 그런데 스피키오는 26살에 이러한 권리를 손에 넣게 된 것입니다.

왜 그랬을까요? '큰아버지와 아버지의 원수를 갚아라' 라는 의도가 깔려 있었던 것이죠. 그래서 스피키오는 2만 5천 명의 병력을 이끌고 스페인으로 향합니다. 놀랍게도 이 군대를 이끌고 적의 본진인 스페인으로 쳐들어갑니다. 그리고 그 바이쿨라 전투에서 승리를 합니다. 스페인을 장악해 버린 거예요.

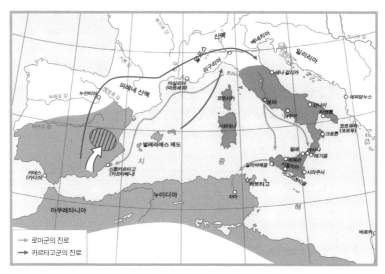

로마의 반격 - 스페인 지원군 섬멸

스키피오는 전쟁에서 이겨서 스페인을 장악했음에도 불구하고 로마 원로원들로부터 문책을 받아야 한다는 말을 듣게 됩니다. 황당한 일이지만 당시 로마는 승리를 축하할 상황이 아니었습니다. 하스드루발은 바이쿨라 전투에서 졌지만, 그의 주력 부대는 그대로 로마로 진군하는 길목에 남아 있던 것입니다. 그동안 로마군은 하스드루발의 군대가 로마로 들어오지 못하도록 필사적으로 막고 있었습니다. 그런데 스키피오가 바로 그 로마군을 데리고 스페인으로 출정을 떠난 것이었습니다. 덕분에 하스드루발의 주력 부대는 로마로 넘어갈 수 있게 되었지요.

이 기회를 놓치지 않은 하스드루발의 8만 군대는 알프스를 넘어옵니다. 당시 스키피오와 로마군은 아직 스페인에 있었습니다. 하루 아침에 백척간두의 상황에 놓인 로마 사람들은 그야말로 머리가 돌 지경이었습니다.

하스드루발의 군대가 한니발의 군대와 합친다면 어떻게 되겠어요? 로마 사람들 입장에서는 상상도 하기 싫었던 일이 현실로 다가오고 있었습니다. 그리고 하스드루발은 알프스를 넘을 때 한니발과는 비교도 안 되게 쉽게 넘습니다. 한니발은 알프스를 넘으면서 갈리아와 싸우기도 하고 한겨울의 추위와 굶주림으로 주력 부대의 절반을 잃었습니다. 그렇게 남은 절반의 군사로도 한니발은 로마를 꼼짝 못하게 했던 것이었죠. 그런데 이번 하스드루발의 8만 군대는 병력 손실조차 거의 없었습니다. 계절도 여름이었을 뿐 아니라 갈리아인들이 무사통과시켜 줬기 때문이지요. 갈리아인들은 한니발과의 전투를 잊지 않았던 거죠. '싸워 봤자 의미가 없으니 편안하게 보내 주자'라고 길을 비켜 줍니다. 그렇게 8만의 주력군

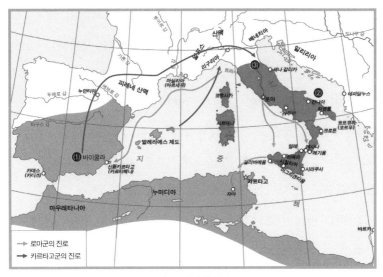

하스드루발의 전사

은 아무런 피해 없이 알프스를 넘어옵니다.

　로마는 당장 큰 위기에 빠집니다. 당시 스키피오는 한니발을 물리치고 로마를 구한 영웅으로 기억됩니다. 하지만 제 생각에는 실제로 로마를 구한 것은 네로라고 생각합니다. 제가 말씀드리는 인물은 우리가 쉽게 떠올리는 네로 황제가 아니라, 로마의 집정관 네로(Gaius Claudius Nero)입니다.

　당시 상황을 지도를 통해 살펴볼까요? 지도에 표시된 2번 위치에 한니발 군대가 버티고 있습니다. 한니발의 군대는 몇만 명에 지나지 않지만 로마는 과거에 백전백패한 경험이 있어서 감히 싸울 엄두조차 내지 못합니다.

적은 수의 한니발 군대도 이기지 못했었는데 8만의 하스드루발의 군대가 합류한 10만의 군대와 싸워야 한다고 생각하니, 로마는 끔찍한 현실을 눈앞에 두고 있는 것 같았죠. 물론 아직 두 형제는 먼 거리에 떨어져 있었고, 한니발은 하스드루발의 군대가 오고 있다는 사실을 모르고 있던 상황이었습니다. 때문에 하스드루발은 알프스를 넘은 피로를 풀 겸 지도에서 3번 위치인 메타우루스에서 잠시 쉬면서, 한니발에게 연락병을 보냅니다.

이때 로마군이 연락병을 잡게 됩니다. 연락병을 통해 상황을 파악한 집정관 네로는 바로 행동을 개시합니다. 군대를 이끌고 메타우루스로 행군을 시작했죠. 사실 군사 행군에는 원로원의 결의가 필요했습니다. 하지만 네로는 허락을 구할 시간이 없다 판단한 뒤 서둘러 나섭니다. 하루 100킬로미터씩 행군을 강행하죠. 하루에 100킬로미터를 걷는다는 이야기는 즉, 시간당 5킬로미터의 속도로 하루에 20시간을 걷는다는 말입니다. 무장한 채 하루 20시간씩 걸었던 당시 로마군의 고단함은 말로 표현이 안 될 정도일 겁니다. 어쨌든 로마군은 그렇게 8일 동안, 매일 20시간씩 걸어서 총 800킬로미터에 달하는 거리를 북상합니다. 하스드루발의 입장에서는 생각지도 못한 전투에 돌입하게 됩니다.

결국 네로는 이 전투에서 대승을 거두고 하스드루발의 목을 벱니다. 이 전투가 바로 메타우루스 전투(B.C. 207)입니다. 이 메타우루스 전투는 엄밀히 따지자면 전투가 아니라 기습이었습니다. 두 진영이 서로 진을 치고 싸운 것이 아니라 기습으로 한쪽이 다른 쪽을 일방적으로 공격해 학살한 것이죠.

승리를 거둔 네로는 하스드루발의 목을 잘라 한니발에게 보냅니다. 한니발이 얼마나 깜짝 놀랐겠습니까? 한니발은 동생이 알프스를 넘어온 것도 모르고 있었는데, 갑자기 로마가 선물이라면서 동생의 목을 보냈으니까요. 한니발은 이때의 충격으로 이후 2년 동안 주둔지에서 나오지 않았다고 전해집니다.

전쟁이라는 것은 참 아이러니합니다. 스키피오의 돌발행동이 8년이나 막혀 있던 하스드루발의 앞길을 열어 줬는데, 결국 형과 만나기도 전에 죽임을 당했으니까요. 한 치 앞도 알기 힘든 것이 인생이고 전쟁인 것 같습니다. 하스드루발이 스피키오 형제들과의 전쟁에서 승리할 때만 해도 로마가 지는 것 같았죠.

그런데 갑자기 아들 스키피오가 나타나 전쟁에 승리해요. 그렇게 로마가 승기를 잡는 것 같았는데 그 바람에 하스드루발의 길을 열어 주게 되죠. 그러다 하스드루발이 집정관 네로의 기습으로 죽음을 맞게 되었으니 이로써 로마는 근심걱정을 덜고 여유를 되찾았습니다. 스페인은 정리됐고, 갈리아도 문제없죠. 마케도니아와 시라쿠사도 완전히 끝냈죠. 이제 남은 건 한니발 군대뿐이었습니다.

한편 스키피오는 뭘 하고 있었을까요? 자신의 실수 아닌 실수로 하스드루발의 길을 열어 주게 되었다는 사실을 알게 된 뒤 그의 군대를 쫓아 알프스를 넘습니다. 그런데 도착해 보니 하스드루발의 군대는 이미 궤멸당한 상태였습니다. 로마에서 스키피오에게 직접 명령이 떨어집니다. 한니발과는 직접 싸워 봤자 소용없으니

곧바로 카르타고로 쳐들어가라고 합니다.

스키피오의 군대는 명령에 따라 카르타고로 진격하기 시작합니다. 당시 카르타고는 빈집이나 마찬가지였거든요. 한니발 형제들만 믿고 있었죠. 그래서 스키피오가 오자마자 항복해 버립니다. 스키피오는 항복을 받아 주면서 한니발을 불러오라는 조건을 제시합니다.

한니발은 어쩔 수 없이 군대를 이끌고 카르타고로 돌아옵니다. 그런데 웃긴 것은 한니발이 돌아오니까 카르타고 사람들의 생각이 바뀝니다. '한니발이 있는데 우리가 왜 항복해? 나가서 싸우자!'가 된 거죠. 거짓말 같죠? 그러나 이것이 진짜 역사입니다. 그래서 한니발과 스키피오가 맞붙게 되는 이 전투가 바로 자마 전투(B.C. 202)입니다.

8) 자마 전투, 한니발과 스키피오의 격돌

지금부터 자마 전투가 벌어지는 격전의 현장으로 들어가 보도록 하겠습니다.

자마 전투에서 전쟁의 승패를 가른 중요한 요인은 기병입니다. 한니발 부대의 기병은 누미디안 카발리라(Numidian Cavalry) 즉, 누미디아의 기병이었습니다.

한니발의 군대가 강한 이유는 기병 덕분이라고 했죠? 그런데 그 기병이 누미디아 기병이에요. 한니발 군대는 전부 용병이고, 용병 중에서도 주력 부대는 누미디아 기병인 거죠. 지금으로 치면 알제리 지방인 누미디아에서 배출된 기병은 탁월한 승마술로 당시 로마와 카르타고 양쪽으로부터 모두 구애의 대상이었다고 합니다.

스키피오가 2만 5천 명을 이끌고 전쟁에 승리하고 스페인으로 들어갔을 때, 누미디아 왕자가 누미디아 기병을 이끌고 하스드루발을 따라 스페인에 있었어요. 그때 그가 스키피오에게 포로로 잡힙니다. 그런데 스키피오가 누미디아 왕자를 죽이지 않고 환대를 해요. 그러면서 손을 잡자고 하죠.

왕자는 "그것은 내가 할 일이 아니라 우리 아버지가 할 일이지요"라고 말합니다. 이어서 스키피오가 방법을 물었더니 왕자는 자신의 아버지, 누미디아 왕에게 찾아가서 이야기해 보라고 말합니다.

이 말을 들은 스키피오는 정말 혼자 누미디아로 갑니다. 적진에 혈혈단신 들어온 스키피오를 보고 누미디아 왕은 그 배짱을 높이 사 손을 잡습니다. 이후부터 한니발은 더 이상 누미디아로부터 기병을 지원받을 수가 없게 되죠. 오히려 누미디아의 기병을 스키피오가 활용하게 됩니다.

자마 전투의 진형 그림을 봤을 때, 스키피오와 한니발 양쪽 모두에 누미디아 기병이 있는 것은 바로 이런 이유 때문이었죠. 결국은 자기들끼리 싸우는 거예요. 누미디아 기병이 양쪽에 모두 있는데, 한니발의 군대에 있는 누미디아 기병은 원래 한니발을 따라왔던 기병이고, 스키피오 군대의 누미디아 기병은 새로 전투에 참가한 기

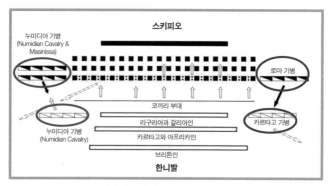

스키피오
누미디아 기병
(Numidian Cavalry &
Masinissa)
로마 기병
코끼리 부대
누미디아 기병
(Numidian Cavalry)
카르타고 기병
리구리아과 갈리아인
카르타고와 아프리카인
브리튼인
한니발

자마 전투의 양쪽 군사 배치도

병입니다. 무슨 차이가 있을까요? 한니발의 누미디아 기병은 나이가 많습니다. 17년 전에 한니발을 따라 로마에 왔으니 스키피오와 싸울 때는 이미 19년이 지난 후였죠.

25~30세의 가장 잘 싸울 나이에 따라왔던 사람들이 지금은 40~50대가 된 것입니다. 반면 스키피오의 누미디아 기병은 20~30대 젊은이들이죠. 물론 한니발 군대의 누미디아 기병들은 백전노장이에요. 하지만 사실상 전성기가 지난 군인들입니다. 어쨌든 카르타고에는 한니발과 한평생을 같이 보낸 누미디아 기병이 있고, 스키피오 쪽에도 누미디아 기병이 있는데 숫자가 훨씬 더 많습니다.

그림에서 앞 진형의 주력 부대를 보면 보병 양쪽에 기병이 늘어서 있죠. 그런데 왼쪽에 있는 스키피오의 기병을 보세요. 오른쪽 기병보다 한 줄 더 많죠?

게다가 카르타고는 기병이 3,000명인데 비해 로마는 기병이

9,000명이에요. 보병은 비슷할지 모르지만 기병은 로마가 압도적으로 많습니다. 자마 전투 양쪽 군사 배치도를 보면 누미디아 기병끼리 서로 맞서고 있는 것을 볼 수 있습니다.

더 자세히 보면 로마는 두 줄이고 카르타고는 한 줄로 구성되어 있지요? 거기다가 로마 쪽에는 누미디아 왕 마시니사(Masinissa)가 직접 전쟁에 참여했습니다. 자마 전투는 정말 여러 면에서 카르타고에게 힘든 전투일 수밖에 없었습니다.

한니발이 믿을 사람들은 자신과 17년간 전쟁을 누볐던 백전노장들이었고, 이들은 그림에서처럼 마지막 3열에 자리 잡고 있습니다. 한니발의 전략은, 일단 코끼리 부대를 가장 앞에 배치해 적진을 흐트러뜨린 후 1열과 2열의 보병군단의 희생을 바탕으로 3열의 군단을 주요 핵심전력으로 쓰는 것이었습니다. 3열의 핵심군단이 적의 기병 부대에 뒤를 밟히기 전에, 먼저 본진을 궤멸시키자는 작전이었을 겁니다.

하지만 한니발의 작전은 초반부터 꼬이기 시작합니다. 코끼리 부대의 전진공격을 미리 대비한 스키피오가 평소보다 넓게 소대 간격을 배치한 바람에 큰 효과를 거두지 못합니다.

거기다 장창에 찔린 코끼리들이 거꾸로 카르타고 진영으로 난입합니다. 또한, 1열과 2열에 배치된 보병의 불안요소가 걸림돌이 됩니다. 특히 핵심이 되는 2열 보병은 카르타고인들입니다. 조국이 위험에 처하자 나라를 지키겠다며 원정길에 오른 용감한 이들이었지만 실제 전투 경험은 부족했죠. 그동안 전투의 대부분은 용병이

자마 전투의 상상도

맡아 왔기에 발생한 일입니다.

그렇게 앞쪽의 부대가 큰 힘을 쓰지 못하자 마지막 3열 최정예 군대가 진격을 합니다. 이들은 백전노장이지만 한편으로는 나이가 들어서 체력의 한계(?)를 드러냅니다. 그리고 곧 로마의 누미디아 기병이 카르타고의 누미디아 기병을 물리치고 카르타고 보병의 배후를 덮칩니다. 카르타고 보병의 뒤가 뚫리면서 자마 전투는 끝을 맺습니다. 한니발과 함께했던 3열의 백전노장들은 항복을 거부하고 장렬히 최후를 맞습니다.

여기에서 한니발 부대 2만 명이 사망하고 1만 명이 포로로 잡힙

자마 전투		
	로마	카르타고
병력	보병 2만 9천 / 기병 6,100~9,000명	보병 4만 / 기병 1,000~4,000명 / 코끼리 80마리
지휘	스키피오	한니발
결과	5,000명 사망	2만 명 사망, 1만 명 포로

니다. 자마 전투는 16년간 끌어온 2차 포에니 전쟁의 끝을 맺는 전투이자, 한니발이 처음이자 마지막으로 패배한 전투로 기록됩니다. 전쟁 중에서 슬프지 않은 전쟁이 어디 있겠냐만은 개인적으로는 전쟁 영웅의 쓸쓸한 뒷모습을 보여 주는 것 같아 더 슬프게 느껴집니다.

9) 한니발과 스키피오의 죽음

스키피오는 자마 전투 이후에 로마의 집정관과 감찰관으로 황제 못지않은 권력과 지휘를 누리게 됩니다. 동시에 질시와 시기가 뒤따르죠. 특히 스키피오는 원로원과 사이가 좋지 않았습니다. 결국 B.C. 184년에 공금횡령 혐의로 고발을 당하게 되죠.

진짜 횡령을 했는지 사실을 알 수는 없지만, 한평생 최고의 부와 명예를 누렸던 스키피오 입장에서는 이 일이 굉장한 치욕으로

한니발

- 자마 전투 이후 전쟁 영웅으로 카르타고 지도(43세)
- 카르타고 부패일소 개혁으로 부흥 도모→로마의 소환 요구→소아시아 망명
- 로마에서 비타이아 왕에게까지 전달된 송환 소식 듣고 자살

스키피오

- 자마 전투 승리 후 로마 집정관과 감찰관 역임
- B.C. 184년, 공금횡령 혐의로 고발
- 52세 나이로 로마를 저주하면서 사망

한니발과 스키피오의 죽음

느껴졌던 것 같습니다. 그는 결국 울화병에 걸려 52세의 나이에 사망합니다.

자마 전투가 끝나면서 2차 포에니 전투도 막을 내렸습니다. 재미있게도 한니발은 자마 전투에서 지고 나서 카르타고의 지도자가 됩니다. 카르타고 사람들이 생각해도 믿을 만한 사람은 한니발밖에 없었던 거죠. 자, 전쟁에서 졌으니 로마가 카르타고에게 배상금을 요구했겠죠?

전쟁에서 이기고 나면 항상 배상금을 청구하니까요. 로마는 카르타고에게 엄청난 배상금을 요구합니다. 로마는 아마 카르타고가 이 금액을 지불하지 못하리라 예상했을 것 같습니다. 하지만 한니발은 이 배상금을 갚습니다. 부패를 일소하는 개혁으로 카르타고를 부흥시키면서 또 한 번 능력을 증명합니다.

　로마는 그 어마어마한 액수의 배상금을 갚은 카르타고의 저력에 깜짝 놀랍니다. 그래서 카르타고를 지배하는 사람이 누구인가 봤더니 한니발인 거예요. 게다가 한니발은 군사도 모으고 있었죠.

　로마 입장에서는 한니발이 위협적으로 느껴졌을 겁니다. 그래서 여러 구실을 붙여서 한니발을 로마로 송환하라고 압박하죠. 카르타고는 로마의 요청을 수락합니다. 한니발 입장에서는 배반감이 느껴졌겠죠. 그렇다고 순순히 로마로 갈 수는 없잖아요. 가면 죽을 것이 뻔한데요. 그래서 소아시아의 소국으로 망명을 다니며 로마의 손아귀로부터 벗어나려 하다, 비타니아에 정착하게 됩니다.

　한니발의 망명 소식을 듣게 된 로마는 끈질기게도 그곳 비타이아 왕에게 한니발 송환을 요구합니다. 그러자 한니발은 '내가 갈 곳이 없구나' 하며 자살로 생을 마감합니다. 그때 한니발의 나이는 64세였습니다. 한때 전쟁영웅이었던 인물인데, 참 서글픈 결말입니다.

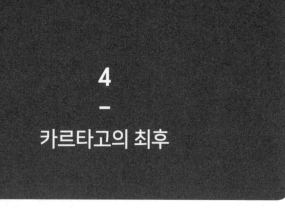

4
−
카르타고의 최후

한니발이 죽은 뒤 50년이 흘렀습니다. 카르타고는 로마에게 배상금을 다 갚았어요. 카르타고는 어느 정도 힘이 생기게 됐죠.

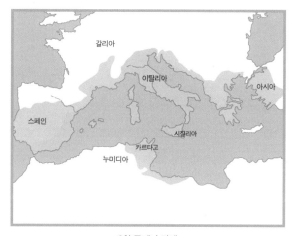

3차 포에니 전쟁

카르타고는 아직 공식적으로 군사를 양성할 수는 없는 입장이었지만, 원수를 잊지 않고 있었습니다. 카르타고 입장에서는 로마가 제일의 원수였어요. 그런데 때리는 시어머니보다 말리는 시누이가 더 밉다고 하잖아요. 카르타고의 화살은 말리는 시누이 역할을 했던 누미디아에게 향합니다. 자마 전투에서 패배한 요인을 누미디아 기병이라고 판단한 카르타고는 누미디아를 공격하기로 합니다. 이 사실을 알게 된 로마는 '옳다구나'하며 군대를 파견합니다. 안 그래도 카르타고가 눈엣가시였는데 드디어 빌미가 생긴 거였죠.

3차 포에니 전쟁(B.C. 149~146)

· 2차 포에니 전쟁 이후 50년간 전쟁 배상금을 갚음
· 누미디아는 친로마 성향으로 카르타고와 영토 갈등
· B.C. 151년 누미디아 침공으로 로마 전쟁 결의
· 3년간의 농성전 결과 카르타고 패배

이렇게 발발한 전쟁은 초반부터 이미 로마 쪽으로 힘이 기울어 있었습니다. 한편 이번에 로마군을 이끄는 지휘관은 스키피오 아이밀리아누스(Scipio Aemilianus, B.C. 185~1129)였습니다. 그는 한니발을 무너뜨렸던 스키피오의 양손자였죠. 다시 말해 스키피오의 손자가

군대를 이끌고 다시 카르타고로 쳐들어가는 겁니다. 카르타고는 여자의 머리카락을 잘라 석궁의 활시위로 사용하면서까지 극렬히 저항하지만 결국 3년 만에 함락됩니다.

　카르타고 성을 점령한 로마는 카르타고의 성인 남자를 모두 죽입니다. 또한 아이들과 여자들을 모두 노예로 팔아 버리고, 밭에 소금을 뿌려서 작물이 자라지도 못하게 했습니다. 결국 카르타고는 로마에 의해 사람, 도시 그리고 나라까지 모두 역사 속으로 사라지게 됩니다. 이 3차 포에니 전쟁(B.C. 149~146)을 끝으로 아주 오랜 시간 이어졌던 포에니 전쟁이 끝이 납니다.

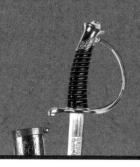

4장

세계에서
가장 넓은
영토를 품은

몽골의 세계 정복 전쟁

1
―
세계를 정복한 100만 몽골의 힘

1) 숫자로 본 몽골의 세계 정복의 역사

서양에 알렉산더 대왕이 있다면 동양에는 몽골의 칭기즈 칸 (Chingiz Khan, 1162~1227)이 있습니다. 칭기즈 칸과 그의 후손은 정복 전쟁을 통해 중국과 러시아 등 아시아는 물론 유럽의 일부까지 점령하여, 한때 인류 역사상 가장 거대한 제국을 세우고 세계를 지배했습니다.

바다에서 멀리 떨어진 동아시아의 고지대에 자리 잡은 몽골은 국토의 대부분이 초원과 사막으로 이루어져 있습니다. 국토는 우리나라보다 7배 이상 넓은데 비해 인구는 고작 300만 명 조금 넘는, 낮은 인구 밀도를 가진 나라죠.

우리가 '몽골' 하면 떠올리는 칭기즈 칸의 원래 이름은 테무친입니다. 몽골의 고원 일대에 흩어져 살던 여러 부족을 통일한 테무

친은 1206년에 몽골의 최고 지도자인 '칸'으로 선출되면서 '칭기즈 칸'으로 불리게 됩니다. 그리고 1209년에 중국의 서북부 서하를 시작으로 정복 전쟁을 일으키죠.

칭기즈 칸의 초상화

- 1279년 몽골 정복지 : 3,320만 킬로미터(북미대륙 + 중남미)
- 몽골 25년 정복지 → 로마 400년 정복지
- 당시 몽골 인구 : 100만 ↔ 피정복국 인구 : 2억
- 13세기 지구상 가장 인구 밀도가 높았던 지역 모두 지배

칭기즈 칸이 세계를 정복할 당시 몽골 전체의 인구는 100만 명 정도에 지나지 않았습니다. 그런데 몽골 제국이 가장 넓은 영토를 차지했던 1279년, 몽골의 정복지는 무려 3,320만 킬로미터에 달했습니다. 북미대륙과 중남미를 합한 것만큼 거대한 면적으로, 당시

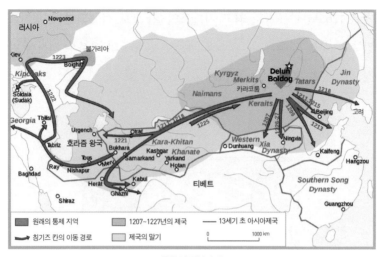

몽골의 정복지역

몽골이 차지했던 지역의 지도를 보면 실감이 날 것입니다. 지도에서 분홍색으로 표시된 지역이 모두 몽골 군대가 정복했던 지역입니다. 25년 동안 몽골이 정복했던 지역이 로마가 400년에 걸쳐 정복했던 지역보다 더 넓었으니까요.

　당시 몽골의 피정복국 인구를 합하면 무려 1억 명으로, 13세기 지구에서 가장 인구 밀도가 높았던 지역을 모두 지배했습니다. 당시 알려진 전체 육지 면적의 5분의 1, 전체 인구의 4분의 1에 달하는 인류 역사상 가장 넓은, 육상 단일제국을 이루었던 것입니다. 몽골의 대단한 점은 고작 100만 명이 아시아에서 유럽까지 1억 명에 달하는 사람들을 지배했다는 사실입니다. 이런 놀라운 일을 가능하게 한 힘과 원동력은 도대체 어디에서 나왔을까요?

2) 몽골의 남다른 전쟁 양상과 목적

몽골은 국토 대부분이 고지대 초원과 사막으로 이루어진 유목 민족입니다. 농사를 지을 수 있는 땅이 극히 일부에 지나지 않습니다. 아주 어려서부터 말을 타고 유목생활을 해 왔던 몽골 군대는 일반적인 군대와는 전쟁하는 양상과 목적이 다릅니다.

그렇다면 농경 민족은 왜 전쟁을 할까요? 일반적으로는 두 가지 이유가 있습니다. 농사를 지을 수 있는 농지를 차지하고, 농지에서 일할 수 있는 노예를 확보하기 위해서입니다. 농지와 인력을 확보하기 위한 싸움, 이것이 전형적인 농경 민족의 전쟁 이유입니다. 그 옛날 고구려와 백제, 신라가 벌인 싸움이 삼국 통일이라는 거창한 명분 때문이었을까요? 아닙니다. 실제로는 다 정복 전쟁이었던 것이죠. 정복 전쟁에서 승리한 장군은 식읍과 녹읍을 얻습니다. 땅과 그 땅에 살고 있는 노비를 획득하는 겁니다.

그런데 유목 민족인 몽골은 전쟁의 목적이 달라요. 유목민들은 한 곳에 머물러 살지 않습니다. 초원에 천막을 치고 살다가 더 이상 가축들에게 먹일 풀이 없으면 다른 곳으로 이동합니다. 그러니 농사지을 땅도 필요 없고 농사일을 시킬 노예도 필요하지 않죠. 노예가 있으면 먹을 것을 제공해야 하니 오히려 성가실 수 있습니다. 유목민에게 진짜 필요한 것은 농지가 아니라 목초지, 초원지대입니다.

그래서 몽골은 약탈과 목초지를 확보하기 위해 전쟁을 벌인 것입니다. 아시다시피 우리나라도 몽골에게 침략당한 경험이 있습니다. 몽골은 1231년부터 1259년까지 총 6차례에 걸쳐 고려를 침략했지요. 고려는 몽골과의 전쟁으로 많은 문화재가 파괴되었고, 왕은 강화도로 피난을 가야 했으며, 여자와 아이들을 비롯한 많은 고려인들이 몽골에 끌려갔습니다. 몽골과의 전쟁에 지친 고려는 강화를 맺기로 했고, 이에 일부 무신들이 저항하면서 삼별초의 항쟁(1270~1273)*으로 이어지기도 했습니다. 하지만 삼별초의 항쟁은 3년만에 진압됩니다.

고려가 항복하자 몽골은 고려를 간접 통치하기로 합니다. 몽골이 고려에 들어와서 제일 먼저 설치한 기관이 바로 다루가치(원나라, 즉 몽골에서 각 지역의 군사와 행정 업무를 위해 중앙에서 파견한 관리, 고려에도 내정 간섭을 위해 파견됨)입니다. 몽골은 정복지에 다루가치를 파견해서 다스렸는데, 다루가치는 몽골어로 '진압에 종사하는 사람'을 뜻합니다. 다시 말해, 정복지에 파견한 약탈 전담 기관인 셈이었습니다. 특히 고려의 매와 여인들이 이들의 대표적인 약탈 관리 대상이었다고 합니다.

몽골 군대는 포로들에게 무자비했습니다. 유럽 사람들이 몽골

Tip 삼별초의 항쟁

삼별초(三別抄)는 1230년(고종 17년) 몽골의 침입에 대비해 무신 정권의 집권자 최우가 조직한 군사 조직이다. 원래 이름은 야별초(夜別抄)였다. 점차 강력한 군사 집단으로 성장했는데, 1270년(원종 11) 고려 조정이 강화도에서 몽골에 복속하면서 반정부적인 성격을 띠게 되었다. 하지만 1271년(원종 12) 연합군에 대패해 세력이 급속도로 위축되었다. 남은 세력이 제주도로 근거지를 옮겨 1273년까지 항전을 지속했지만 끝내 모두 진압되고 말았다.

과 전쟁할 때 공포에 사로잡힌 이유가 여기에 있죠. 몽골의 전쟁 스타일은 아주 단순했는데, '항복할래, 싸울래?'라고 물어서 항복하면 용서해 주고, 항복하지 않으면 한 명도 남기지 않고 모두 죽였습니다. 악명 높은 유럽 제국주의가 아프리카에 들어갔을 때에도 사람을 무조건 죽이지는 않았습니다. 왜냐하면 흑인들을 노예로 팔아야 했으니까요. 그런데 당시 몽골 사람들은 그런 계산과는 거리가 멀었죠. 노예가 필요 없으니 정복지의 사람들을 살려 둘 필요가 없었죠.

그리고 점령한 땅이 목초지가 아니면 관심도 없었습니다. 예를 들어, 몽골이 러시아의 아주 고풍스러운 도시를 점령했다고 합시다. 몽골군이 취한 행동은 무엇이었을까요? 이 아름다운 도시를 4일에 걸쳐 모두 불태워 버립니다. 그리고 목초지를 만들기 위해 그곳에 풀을 심습니다. 1276년 송나라를 점령했을 때에도 마찬가지였습니다. 사람들을 다 죽이고 모든 토지를 태우려고 했죠.

몽골은 약탈이 전쟁의 목적 그 자체이기 때문에, 전투에서 특별한 전략을 쓰거나 하지 않습니다. 대신 인해전술을 쓰죠. 전투 시에 포로를 앞세워서 방어막으로 이용합니다. 자신들 대신 싸우고 죽게 만드는 거죠.

금나라와의 전쟁을 살펴보면 몽골 군대의 전투 양상을 잘 알 수 있습니다. 금나라 군대는 성안에서, 몽골 군대는 성 밖에서 대치 중인 상태입니다. 금나라 군대는 성을 지키기 위해 성벽을 타고 올라오는 몽골군을 무찌릅니다. 그런데 죽여도 죽여도 끝도 없이 몽골군이 성벽을 타고 올라옵니다. 알고 보니 몽골군이 아니라 금나라 군인들의 형이고, 동생이고, 조카였던 것이죠. 미처 성안으로 피하지 못한 금나라 사람들을 포로로 잡아서, 자기들 대신 싸우게 했던 것입니다.

2
―
몽골의 군대는 무엇이 달랐을까?

100만 명에 불과한 변방의 유목 민족이 어떻게 그 넓은 땅을 정복했으며, 제대로 문명도 갖추지 않은 채로 150년 동안 유지할 수 있었던 걸까요? 사실 칭기즈 칸이 몽골을 다스릴 당시의 몽골 전체 인구는 100만 명이었기 때문에, 전쟁에 투입될 수 있는 성인 남자는 고작해야 20만 명 정도였을 것입니다. 이렇듯 몽골은 인구수가 적은 데도 불구하고 어떻게 세계를 정복할 수 있었는지, 몽골 군대의 원동력은 무엇이었는지 한 번 알아볼까요?

1) 10진법과 관료제

몽골은 10진법 체계의 관료제를 가지고 있었습니다. 관료제는 기본적으로 피라미드 체계입니다. 1만 명에게 명령을 내려야 할 경우, 첫 번째 사람은 10명에게만 명령을 내립니다. 그 10명이 또 각각 10명에게 명령을 내리면 100명이 되죠? 그 100명이 각각 10명에게 명령을 전달합니다. 그 사람들이 또 10명에게 명령을 전달하면 1만 명에게 명령이 전달됩니다. 한 사람이 10명한테만 말하고, 세 단계만 지나면 1만 명 모두에게 명령이 전달되는 거죠.

몽골의 군사원칙

· 10진법 체계
  - 아르반(10명), 자군(100명), 밍카트(1,000명), 투멘(1만 명)
· 과정보다 중요한 것은 결과라는 기본 인식
  - 기습, 후퇴, 도주 등 모두 가능
· 인력 손실 최소화
  - 백병전 최소화, 원거리 무기 선호, 선전전으로 항복 권유(투항 or 죽음)
· 약탈의 체계화
  - 선점령 원칙, 비전투원 배분

몽골에서 관료제를 가장 먼저 만들어 낸 집단은 역시 군사조직입니다. 몽골의 군사조직은 이미 10진법 체계를 가지고 있었습니다. 10명으로 구성된 아르반(아르밧. 십호), 100명으로 구성된 자군(자굿. 백호), 1,000명으로 구성된 밍카트(밍갓. 천호), 1만 명으로 구성된 투멘(투멧. 만호)으로 이루어져 있었죠. 지휘관 한 명이 명령을 내린

뒤 서너 단계만 거치면 군대 전체가 한 몸처럼 움직일 수 있었습니다. 군사조직 안에서 이와 같은 관료제를 실질적으로 처음 구현시킨 인물이 바로 칭기즈 칸입니다. 그가 이룬 위대한 업적 중 하나로 손꼽히죠.

몽골은 왜 이런 체계를 발명했을까요? 일부 학자들은 보병과 기병의 차이에서 그 답을 찾습니다. 쉽게 생각해 볼까요? 보병과 기병 중 쉽게 혼란해지는 쪽은 어느 쪽일까요? 기병입니다. 그리고 사람과 말 중에서 어느 쪽이 더 말을 잘 들을까요? 당연히 사람이겠죠. 사람 50명에게 "5열 종대로 서!"라고 명령해서 실행하는 건 금방이지만, 50마리의 말을 5열 종대로 모으기는 쉽지 않습니다. 사람보다 말이 더 무질서한 것은 당연합니다. 그렇다면 말을 잘 통제하기 위해서는 어떻게 해야 될까요? 말을 책임지는 사람에 대한 명령 체계를 보다 확실히 하면 됩니다. "야, 저기 있는 말 10마리와 기병 10명은 A가 책임져. 여기 있는 10마리와 기병 10명은 B가 책임져." 이런 식의 질서를 만들면 통제가 훨씬 쉬워진다는 겁니다.

학자들의 설명을 요약하자면, 기병이라는 몽골의 군사적 특징 때문에 관료제적 조직과 체계가 우선적으로 갖춰지게 되었다는 것입니다. 더 나아가 이러한 체계가 몽골이 정복 전쟁에서 승리하는 데 큰 도움이 되었다고 합니다. 관료제적 조직이 운영되기 위해서는 합리성과 충성심이 필연적이기 때문입니다. 사람들은 관료제가 지닌 딱딱하고 경직된 성격 때문에 단점이 많다고 여기지만 사실은 엄청난 장점을 갖고 있습니다. 가장 큰 장점은 합리성입니다.

예를 들어, A와 B에게 똑같이 10마리의 말과 기병을 배치한 뒤 잘 통솔하라고 했다고 합시다. 시간이 지나 결과를 놓고 보니 A는 B에 비해 명령을 잘 수행하지 못했습니다. 이 상황에서 만일 A는 귀족이고, B는 평민이라 해도 칭기즈 칸은 B의 능력을 높이 사서 승급시켰습니다. 이렇게 합리성과 충성심 모두를 확보했죠.

이것이 몽골 군대가 긴 정복 전쟁을 지속하고, 승리를 거머쥘 수 있었던 가장 핵심적인 요인이 아니었을까요?

2) 결과우선주의 사고 방식

몽골 군대의 또 다른 큰 특징 중 하나는, 과정보다 결과를 추구한다는 것입니다. 몽골군은 전투에서 이기기 위해서라면 기습도 마다하지 않습니다. 유학적 질서에 따라 결과보다는 과정을 중시하는 우리와는 완전히 반대되는 모습이죠.

혹시 '기습도 전술의 일종인데 부끄러울 이유가 있나'라고 생각하시나요? 그러나 당시의 사람들 인식은 전쟁과 명예는 뗄 수 없는 관계라는 것이었습니다. 따라서 기습을 부끄러운 일이라고 생각했죠. 기습이 전략의 일종으로 받아들여진 것은 그리 오래되지 않았습니다.

일례로 마케도니아 왕국의 알렉산더 대왕과 페르시아 제국의 다리우스 3세가 맞붙었던 가우가멜라 전투에서, 한 장군이 알렉산더 대왕에게 밤에 야습을 하자고 제안합니다. 그랬더니 알렉산더 대왕이 뭐라고 대답한 줄 아십니까? "나의 영광은 그렇게 이룰 수 없다"라고 합니다. 결국 낮에 공격해 승리하죠.

하지만 몽골인의 사고방식에서는 정정당당하게 대낮에 쳐들어가는 것이 오히려 비웃음거리입니다. '밤에 기습했으면 아군의 피해를 훨씬 감소시키면서 쉽게 이길 수 있었을 텐데' 라는 판단을 합니다. 사실 몽골인의 사고가 훨씬 합리적이긴 합니다.

그리고 몽골 군대는 후퇴를 두려워하지 않습니다. 왜 그럴까요? 이렇게 설명할 수도 있을 것 같습니다. 간단히 말해, 몽골은 유목 민족이기 때문에 양과 염소를 데리고 이동했다가 다시 돌아와도 됩니다. 반대로 농경 민족에게는 그것이 쉽지 않은 일입니다. 이제까지 열심히 개간해 놓은 땅과 작물을 추수도 못하고 도망간다니 도저히 못할 짓인 겁니다.

하지만 유목 민족은 가축들을 초원에 풀어놓고 풀을 먹이다가 다 먹으면 다시 다른 초원으로 이동합니다. 늘 왔다 갔다 하잖아요. 그래서 유목 민족에게는 후퇴라는 것이 아주 자연스러운 개념입니다.

그런데 이런 사고방식이 전투에 있어서 굉장히 중요합니다. 전쟁을 하는 입장에서는 후퇴를 하느냐, 하지 않느냐는 생사가 걸린 문제이니까요. 유럽의 군대에서는 장교가 꼭 수행해야 할 아주 냉혹한 규칙이 하나 있습니다. 그건 바로 도망가는 자기 편 병사를 죽이는 것입니다. 그래야 병사들이 도망가지 않고 싸우니까요.

그런데 몽골 군대는 그런 것이 없습니다. '이건 아닌데!' 싶으면 얼마든지 후퇴합니다. 심지어 전투 중에 병사들이 도망가더라도 나중에 문제 삼지 않습니다. 장교든 병사든, 불리하면 그냥 도망갑니다. 왜? 다시 싸우면 되니까요. 다른 나라의 군대가 몽골 군대를 두려워했던 이유에 이 점도 포함되어 있습니다. 기습, 후퇴, 반격까지 모두 가능한 군대입니다. 한마디로, 몽골군은 싸울 땐 살벌하게 싸우면서 생존력까지 끝내주는 거죠. 칭기즈 칸이 몽골 제국으로 통일하기 전, 흉노족 때부터 그랬습니다.

또한 몽골 군대는 마인드 자체가 다릅니다. 이들의 세계는 밀림 그 자체죠. 강해서 이기는 것이 아니라 이기는 자가 강하다는 논리가 전부인 세계입니다. 그에 비해 우리는 어떨까요?

예를 들어, 조선에서 성리학이 주류 학문이었을 당시 오랑캐가 쳐들어오자 한 장군이 매복계를 써서 승리를 거둡니다. 그런데 그 장군은 어떻게 되었을까요? 비난의 대상이 되었다고 합니다. 비겁하게 매복계를 썼다는 이유로요. 믿어지지 않죠?

몽골 군대였다면 어땠을까요? 아주 잘했다고 그 장군에게 상을 줬을까요? 아니죠. 가벼운 칭찬은 몰라도 상을 받지는 못 했을 것 같습니다. 몽골인들에게는 너무나 당연한 일이었을 테니까요.

3) 인력 손실의 최소화

몽골군이 제일 싫어하는 건 전투에서 사람을 잃는 것입니다. 인권에 대한 개념이 앞서 나갔다기보다는 인구수가 많지 않기 때문에 생겨난 인식입니다. 인구가 적은 나라에서 한 사람, 한 사람은 사회를 유지할 수 있느냐, 없느냐의 문제와 직결됩니다. 그래서 몽골 군대는 백병전을 하지 않았습니다. 병사들이 서로 맞붙어 싸우는 백병전은 아군의 피해를 면할 수 없는 전투 방식이기 때문입니다. 몽골의 입장에서는 백병전은 아무리 잘 해도 상처뿐인 영광만을 가져다줄 뿐이죠.

객관적인 수치만 놓고 따져 봐도 몽골은 백병전을 할 수 없었습니다. 실제로 전투에 나갈 수 있는 인력이 20만 명 정도에 불과했거든요. 만약 100만 명의 적과 싸워서 50만 명을 죽이고 몽골군 10만 명이 죽는다면, 그 전투는 승리했더라도 결코 승리했다고 할 수 없는 것입니다. 그래서 몽골의 전투 기록을 보면 직접 무기를 들고 싸우는 백병전 장면이 거의 없습니다.

물론 몽골도 칼이 있기는 합니다. 길이가 길고, 칼날이 휘어진 만곡도라고 불리는 칼이죠. 몽골의 기병들은 말 위에서 이 칼을 휘둘렀습니다. 달리는 말 위에서 휘어진 칼날은 그 위력이 배가 되죠. 직선으로 곧게 뻗어 있는 칼은 공기의 저항 때문에 말 위에서 제대로 다루기 어렵습니다. 아랍 군인들도 곡도를 사용했습니다. 하지만 몽골 군대는 이마저도 선호하지 않습니다. 그냥 멀리서 화살로 쏴 죽이는 것을 선호하지요.

몽골 군대는 인력을 아끼기 위해 최대한 근접 전투를 피하려고 합니다. 말하자면, '싸우는 것' 보다는 '안 싸우고 이기는 것' 을 가장 좋아합니다. 싸우지 않고 이기는 법은 어떤 것이 있을까요? 바로 항복을 받아 내는 것이지요. 상대가 먼저 백기를 들도록 하기 위해 몽골군은 어떤 전략을 펼쳤을까요? 바로 선전입니다. 몽골군은 선전전에 굉장히 능했습니다.

몽골 군대가 얼마나 '싸우지 않고 이기는 것'을 좋아하는지 알려주는 일화가 있습니다. 칭기즈 칸과 군사들이 함께 있는 자리에 한 병사가 유럽에 다녀온 이야기를 하다가 "칭기즈 칸은 유럽에서 잔인한 학살자로 널리 알려져 있습니다"라고 말하죠. 다른 나라 같으면 이 이야기를 한 병사에게 왕을 모욕한 죄를 물으려 했을지 모릅니다. 하지만 이 말을 들은 칭기즈 칸은 기분이 좋은 듯 껄껄 웃었다고 합니다.

칭기즈 칸은 실제로도 많은 전쟁을 일으키고, 승리했으니 어떻게 보면 학살자가 맞습니다. 그러나 면전에서 이런 표현을 듣고 좋아할 사람은 없을 겁니다. 반면 몽골인들은 오히려 사람들이 몽골의 군대를 두려워하고, 무서워하고, 꺼리는 것을 즐기죠. 그래야 앞으로의 싸움에서 싸우지 않고 항복을 받아 낼 확률이 높아진다는 것을 알기 때문입니다. 평판이 아니라 실리를 택하는 것이죠.

4) 약탈의 체계화

사실 앞에서 소개한 칭기즈 칸과 몽골 군대의 이야기는 제 마음을 조금 불편하게 만들었습니다. 인간의 질서에서 벗어난 인식과 그것을 바탕으로 자행된 학살을 들여다본 것 같아서 였습니다.

그래서 이번에는 조금 다른, 사회성을 높여서 군사력을 강화시킨 사례를 볼까 합니다. 칭키즈 칸의 숨은 전략 중 개인적으로 최고의 전략으로 꼽는 것이죠.

칭기즈 칸은 약탈까지도 체계화시켰습니다. 전쟁의 역사를 보면 싸움에서 이긴 후에 약탈을 하다가 역습을 당하는 경우가 꽤 있습니다. 특히 영화에서 자주 볼 수 있습니다. 도망가면서 돈을 뿌려 추격을 막는 행위들 말입니다. 그러면 추격하던 군대가 돈을 줍는 데 정신이 없어서 추격을 포기하고 곧잘 반격을 당하고 말지요.

약탈의 체계화란 그런 일을 막기 위한 개념입니다. 적진을 점령한 다음 개별적으로 약탈하지 않고, 집단적으로 약탈을 한 다음 약탈물을 모두 공평하게 배분하는 체계를 만듭니다.

바이킹들이 다른 선박을 약탈한 후에 나누는 방식과 같습니다. 오늘날의 뷔페는 바이킹 음식에서 유래한 것입니다. 약탈품들을 한꺼번에 모아 놓고 나눠 갖는 바이킹들의 방식에서 유래한 것이죠. 바이킹은 배 위에서 생활을 해야 했기 때문에, 이런 식으로 서로의 결속을 다지는 게 굉장히 중요했습니다.

배를 탄다는 것은 배 안의 모든 사람이 운명 공동체라는 것을 의

미합니다. 배에 탄 사람 중 단 한 사람만 노를 안 저어도 배는 제대로 나가지 않고, 배 밑바닥에 작은 구멍이라도 생기면 다 같이 죽습니다. 그렇기 때문에 바이킹 선원들 사이에서는 평등주의 의식과 사회주의적 의식이 자연스럽게 발달합니다. 명령과 질서가 엄격하지만 한편으로는 평등합니다. 다시 말해 배 안에서 선장과 선원은 정해진 위계질서를 목숨처럼 지켜야 하지만, 분배는 평등하게 이뤄지는 것이죠.

몽골도 마찬가지였습니다. 약탈을 하고 나서 공평하게 배분합니다. 전쟁 후에 남편을 잃은 부인들에게도 똑같이 배분해 줍니다. 그리고 형이 죽으면 동생이 형의 아내와 함께 살게 됩니다. 고구려의 형사취수제와 같다고 보시면 됩니다. 그런데 이런 제도가 백제나 신라에는 없고, 왜 고구려에만 있었을까요? 왜냐하면 고구려도 약탈국가였기 때문입니다. 내가 죽어도 내 아내와 자식을 형제가 안전하게 보살펴 주고 지켜 줄 것이라는 확신을 갖고 전쟁에 나가 싸웠습니다.

다시 돌아와서 몽골은 전리품을 철저히 배분하기 위해 아랍의 수학자를 고용했다고 합니다. 고용된 아랍의 수학자는 하루 종일 약탈해 온 것들을 배분하는 일을 했을 겁니다. 까딱해서 잘못 배분했다가는 목이 날아갔을 겁니다. 정말이지 수학이 발달할 수밖에 없는 환경입니다.

5) 보급병이 필요 없는 몽골의 군대

몽골 군대가 강했던 또 다른 이유는 전쟁을 할 때 보급 부대가 따로 필요하지 않다는 것이었습니다. 보급병이 필요 없다는 것이 전쟁에서 왜 중요할까요? 중국과 한번 비교해 보죠. 중국이 치렀던 전쟁 중 우리나라에게 가장 크게 패한 전쟁이 있습니다. 바로 살수대첩입니다.

살수에서 백만의 수나라 군대를 물리친 을지문덕 장군의 전술의 기본은 무엇이었을까요? 바로 청야(淸野)전술입니다. 청야전술은 주변에 적이 사용할 만한 모든 군수물자와 식량 등을 없애 적군을 지치게 만드는 전술로, 특히 고구려가 중국을 상대로 자주 펼치던 전술이었습니다. 고구려는 중국에서 100만 대군이 쳐들어올 때마다 직접 맞부딪치지 않고 이길 수 있는 전술을 짜냈습니다. 당시 고구려 인구는 150만 명으로 추정되는데, 고구려 인구만큼 많은 수의 중국 대군이 몰려왔다고 생각해 보세요. 정면대결로 승산이 있을까요? 불가능하죠. 중국 대군을 상대로 버틸 수 있는 유일한 방법은 고구려의 험한 산세에 의존해, 산성에 들어가 농성전을 벌이는 것이었습니다.

그러면 중국의 군대는 산성을 하나씩 무너뜨리면서 진군합니다. 서양의 성과 우리의 성은 개념이 다릅니다. 서양의 성은 뾰족하게 솟아 있죠? 반면 우리의 성은 옆으로 넓습니다. 어느 쪽이 더 함락시키기 힘들까요? 당연히 높이 솟아 있는 성이 더 공격하기 힘들겠죠. 높이 솟아 있으니까 전략적으로 훨씬 더 훌륭한 방어를 할 수 있습니다.

그러나 서양의 성은 치명적인 단점을 가지고 있습니다. 성이 좁기 때문에 많은 수의 피난민을 받아들이지 못한다는 것입니다. 그래서 중세에 전쟁이 발발하면 농노들은 다 포로로 잡혀가거나 죽게 됩니다. 기사와 영주만 성안에서 장기간 버티고, 평민들은 성 밖에 있으니까 학살당하거나 포로가 되는 거죠. 그런데 우리나라 성은 그렇지 않습니다. 전쟁이 나면 주민들을 전부 성으로 불러서 싸우는 방식을 선택합니다.

그래서 고구려에 중국의 대군이 쳐들어왔을 때 고구려군은 성 밖을 불태워 버리고 백성들까지 전부 내성으로 데리고 들어가서 버티는 겁니다. 적군의 식량이 성안에 비축된 식량보다 빨리 떨어질 거라는 계산이었죠. 이 계산은 합리적이었습니다.

사실 100만 명의 군대가 쳐들어왔을 때, 전투 부대는 20만 명에서 25만 명입니다. 나머지는 전부 보급 부대거든요. 지금이야 전투 식량이 개발되어 있지만, 당시에는 군인을 위한 음식은 물론 땔감까지 전부 보급병이 날라다 주어야 했습니다. 그러니 수나라 군대는 결국 전쟁이 장기화될수록 보급선에 문제가 생기게 됩니다. 보급의 문제는 곧 패전으로 이어지죠. 이렇듯 전쟁에서 패한 수나라는 멸망의 길을 걷게 됩니다.

수나라의 패망 이후 당나라의 초대 황제인 당 고조 이연(唐 高祖 李淵, 566~635)이 당나라를 일으킵니다. 이연은 수나라와 고구려가 전쟁 중이었을 때 전쟁 물품 조달을 책임지던 사람이었습니다. 보급을 담당하던 책임자가 수나라의 힘이 약해진 틈을 타 당나라를 세운 것이지요. 보급에 따라 전쟁과 나라의 운명이 뒤바뀔 수 있는 것입니다.

《삼국지》의 최대 전투가 무엇입니까? 적벽대전이 아니라 관도대전(官渡大戰)입니다. 관도대전은 중국 후한말 시기에 관도에서 조조와 원소가 벌인 큰 전투입니다. 이 관도대전에서 조조는 어떻게 이겼을까요? 원소가 쌓아 놓은 식량 기지인 오소를 불태우면서 조조는 역전의 발판을 마련하고 이를 바탕으로 승리를 거둡니다. 전쟁을 뒷받침하기 위해서는 원활한 보급이 필수적이었습니다. 그런데 이 문제를 근본적으로 해결했던 것이 몽골 군대입니다.

몽골 군대에는 기본적으로 보급병이 없습니다. 왜 없을까요? 답을 말하기 전에 질문을 하나 하겠습니다. 혹시 여러분은 샤브샤브를 좋아하시나요? 저는 참 좋아합니다. 그런데 이 샤브샤브의 다른 이름이 바로 칭기즈 칸이라는 것을 아시나요? 정통 샤브샤브를 시키면 소고기, 돼지고기가 아니라 양고기나 말고기가 나옵니다. 몽골에서 유래한 음식이기 때문이지요. 그것도 몽골 군대에서 말이죠.

육식을 주로 하는 유목민이 장거리를 이동하기 위해서는 어떻게 해야 할까요? 기후조건이 건조한 초원지대에서는 소, 양, 말을 잡으면 얇게 포를 떠서 햇빛에 말립니다. 이렇게 고기를 육포로 만들면 부피가 크게 줄어듭니다. 말을 한 마리 잡아도 육포로 만들면 얼마 되지 않죠. 몽골 군인들은 이 육포를 말 방광으로 만든 주머니에 집어넣어서 말 양쪽에 걸고 출발하죠. 아무리 멀리 원정을 가도 식량 걱정은 없습니다. 어디서든 물을 끓여 포를 넣으면 훌륭한 식사가 되니까요. 이것이 샤브샤브의 시초라고 할 수 있습니다. 영양분의 손실 없이 부패를 막고 무게도 가벼운 이동식을 만들어서 먹었던 겁니다.

몽골 군대는 한 사람이 말을 일곱 마리 내지 여덟 마리씩 끌고 가면서 갈아탑니다. 이 말을 탔다가 저 말을 탔다가 하는 것입니다. 그래야 말이 안 지치니까요. 그러다 식량이 떨어지면 한 마리 잡아서 육포로 말려서 챙겨 갑니다. 말 한 마리에서는 한 사람이 90일에서 100일 동안 먹을 수 있는 양의 육포가 나옵니다. 말을 일곱 마리 끌고 갔다고 생각해 보세요. 세 마리를 남기고 네 마리를 잡으면 1년을 넘게 먹을 수 있습니다.

그러니 몽골 군대는 기본적으로 보급 부대가 필요 없고, 그만큼 효율적으로 멀리까지 이동하며 정복 전쟁을 치를 수 있었던 것입니다.

6) 하루 100킬로미터를 갈 수 있는 기동력

의견이 분분하지만 몽골인들의 시력은 기본적으로 3.0이라고 합니다. 수치는 장담 못 해도 어쨌든 시력이 굉장히 좋다고 합니다.

어렸을 때부터 초원에 있었기 때문에 아주 멀리까지 볼 수 있다는 거죠. 하지만 잘 달리지는 못합니다. 만약 몽골의 남성이 100m달리기를 한다면 20초 이상은 걸릴 겁니다. 조금 의아하죠? 이유는 전부 안짱다리기 때문입니다.

몽골인들은 3살 때부터 말을 타기 시작해 7살이 되면 말을 굉장히 능숙하게 다룰 수 있게 됩니다. 대신 늘 말을 타기 때문에 다리가 휘는 겁니다. 그러니 뛰는 속도가 느릴 수밖에 없죠.

그래서 수전과 보병전에 취약합니다. 수전을 못하는 이유는 초원에 살기 때문이지만, 보병전을 못하는 이유는 말을 타면서 안짱다리가 되었기 때문입니다. 대신 몽골인들은 기병전에 엄청 뛰어납니다. 말과 거의 한 몸처럼 움직이죠. 하루에 거의 100킬로미터를 갈 수 있다고 합니다. 옛날 군대치고는 상상도 못할 정도로 **빠른 속도입니다.**

그런데 의외로 몽골 군인들이 타고 다녔던 말은 작고 볼품이 없는 조랑말이었습니다. 조랑말이라니 우스워 보이지만 사실 조랑말에는 일반말에는 없는 큰 장점이 있습니다. 바로 지구력이 좋죠. 그래서 먼 거리를 이동할 수 있는 것입니다. 말도 말이지만 몽골군대는 무거운 갑옷을 입지 않아 몸이 가볍고 기동성이 좋았습니다. 그래서 말 위에서 화살을 쏘고 칼을 휘두를 수 있었죠. 게다가 몽골군은 파르티안 샷(적을 유인하면서 등을 돌리거나 말에 매달려서 화살을 쏘는 기술)에 능했습니다.

이런 몽골의 군대와 맞닥뜨리면 상대방은 정말 당황스러울 수

밖에 없었을 것 같습니다. 멀리 있다고 생각했는데 어느새 나타나
서 활을 쏘고, 도망을 가면서도 화살을 쏘고, 지칠 때까지 흔들어
놓으니까요.

3
원대한 꿈, 팍스 몽골리카

　몽골 고원을 통일하고 대외 원정을 시작한 칭기즈 칸이 사망한 이후에도 몽골의 세계 정복 전쟁은 계속됐습니다. 1279년, 가장 넓은 영토를 가진 대제국이 될 때까지요. 몽골의 정복 전쟁은 놀랍게도 한 나라를 정복하고 그 옆의 나라를 정복하는 방식이 아니라, 여러 지역을 동시다발적으로 공격하는 방식이었습니다. 금나라와 전쟁을 하는 와중에도 원정군을 서방으로 보내 불가리아와 킵차크 한국(Kipchak Khanate, 1243~1502, 남러시아에 성립한 몽골 왕조)을 정복하고, 동시에 서아시아와 고려까지 공격하는 식이었죠.

　세계 평화의 수호자를 자처하는 미국도 동시에 두 지역에서 전쟁을 치르지는 못합니다. 이중전선이 되면 병력이 분산되어 전력을 다하기 어렵기 때문입니다. 그런데 몽골군은 한꺼번에 여러 지역에서 전쟁을 해도 승리했습니다. 상상도 못할 일이지만, 몽골 군대는 송나라와 오스트리아 빈에서 동시에 전투를 치렀던 적도 있습니다. 둘 다 만만한 상대가 아니었죠. 유럽의 최강국과 동양의 최강국, 이 두 나라와 동시에 전쟁을 한 것이 몽골입니다. 이제 본격적으로 몽골의 전투를 살펴보기로 하겠습니다.

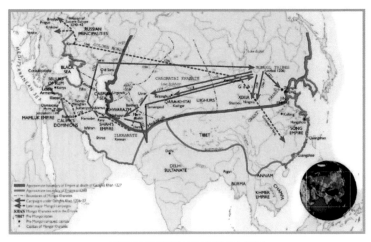

몽골군의 정복 전쟁 원정 지도(1190~1400)

1) 유목 민족 정벌

원래 유목민들끼리의 전투 방식은 간단합니다. 말과 말이 부딪치는 것이죠. 좀 더 자세한 내용은 칭기즈 칸과 자무카 사이에서 벌어졌던 실제 전투를 바탕으로 이야기해 보겠습니다.

몽골의 적 – 유목 민족
· 타이치우드, 메르키트, 나이만, 타타르 등
· 전쟁 방식
- 기마병 중심의 포위전 동일
- 몽골 기마병의 우수한 훈련
- 정복 후 철저한 약탈 방식의 확립
· 다른 유목 민족의 전술 적극 수용(자무카 등)

몽골에서는 '안다'라는 개념이 있는데 우리 식으로 말하면 의형제와 비슷합니다. 본래 자무카(Jamuqa, 1158?~1206, 자드란 부족의 군사·정치적 지도자)는 칭기즈 칸과 안다의 서약을 세 번이나 맺을 만큼 돈독한 사이였습니다. 그러나 이후 숙적의 관계로 바뀝니다. 칭기즈 칸은 자무카와 두 번 맞붙어 두 번 모두 집니다. 하지만 이후에는 한 번도 패배하지 않죠.

칭기즈 칸은 자무카에 대해 이런 말을 남기기도 했습니다. "자무카 때문에 등골이 서늘한 적이 몇 번 있었다. 나의 모든 전법은 다 자무카로부터 배웠다." 이처럼 자무카는 칭기즈 칸에게 큰 영향을 준 인물임에는 틀림이 없습니다.

이후 칭기즈 칸은 몽골 통일 전쟁의 마지막 전투이자, 두 사람이 마지막으로 맞붙은 전투인 차키르마우트 전투에서 승리를 거둡니다. 어떤 방법으로 이겼을까요?

쉽게 예를 들어 볼게요. 단체로 모여서 노루를 사냥할 때 어떻게 합니까? 일단 노루의 주변을 둘러싸고 한 곳으로 몹니다. 사람 수가 적어도 여러 명인 것처럼 보이려고 소리를 지르면서 지팡이를 흔들고 꽹과리를 치면서 간격을 좁혀 가죠. 노루는 사람들의 소리를 듣고 심리적으로 위축되어 점점 사지로 향합니다.

칭기즈 칸은 이와 비슷한 전법을 사용합니다. 전투 당시, 자무카의 군대였던 나이만(Naiman, 투르크계 부족이 세운 나라)군은 칭기즈 칸 군대보다 두 배가 많았습니다. 게다가 전략에 탁월한 자무카는 칭기즈 칸 군대의 위쪽에 진지를 구축하여 유리한 고지를 선점했습니다. 위에서 아래로 내려가면서 싸우는 것이 훨씬 더 유리하니까요. 군의 숫자도 많고 좋은 지형을 차지하고 있었기 때문에 여러모로 칭기즈 칸보다는 자무카가 더 우세해 보였습니다.

이런 불리한 상황에 처한 칭기즈 칸은 어떤 결정을 내렸을까요? 일반적인 사람이라면 전투를 하지 않거나, 아래쪽으로 내려가서 진을 치고 기회를 노릴 겁니다. 치고 올라가면서 싸우는 것은 어려우니까 기다렸다가 위에서 밀고 내려올 때 맞받아치려고 하겠죠. 그런데 이때 칭기즈 칸은 평범한 사람은 생각지도 못할 기발한 전략을 고안합니다. 자신의 군대 진형을 넓게 펼쳐서 오히려 자무카 군대를 포위해 버린 것입니다. 사실 이 전법은 굉장히 위험합니다. 군대의 수가 적은 쪽에서 숫자가 많은 상대방을 포위하려면 대열이 얇아질 수밖에 없습니다. 상대가 마음만 먹으면 손쉽게 뚫을 수 있지요.

이때 나이만군 입장을 생각해 보자면, 처음 전투를 시작할 때만 해도 나이만 군대는 칭기즈 칸 군대를 만만하게 봤습니다. 수적으로 훨씬 압도했으니까요. 그런데 어느 순간부터 오히려 칭기즈 칸의 군대에 포위를 당했음을 깨닫습니다. 당혹감이 찾아옵니다. '어? 이상한데, 잘못 알았나? 적의 숫자가 예상보다 더 많은거 아니야?' 라고 당황하게 되는 거예요. 수가 적으면 둘러쌀 수가 없으니까요.

그래서 전쟁을 두고 두뇌 싸움이라고 하는 겁니다. 칭기즈 칸은 객관적인 전력에서는 밀렸지만, 두뇌 싸움에서는 우위를 점합니다. 숫자가 적음에도 불구하고 포위를 하는 수를 써서 적군에 혼란을 불러일으켰죠. 그리고 밤낮을 가리지 않고 자신의 전략을 밀어붙였습니다. 밤이 되자 아군 한 명당 10개의 횃불을 들고 서 있게 했습니다. 낮에는 말꼬리에 빗자루를 달아서 계속 움직이게 했죠. 고비사막의 먼지가 이리저리 흩날리면 군사의 숫자가 실제보다 훨씬 더 많아 보일 테니까요.

소음과 먼지, 횃불을 목격한 나이만 부족이 다음으로 취할 행동은 무엇일까요? 일단 군대를 보내서 어디든지 한번 찔러보려고 합니다. 진짜로 적군의 숫자가 많은지 적은지 알아보기 위해서죠. 칭기즈 칸은 이에 대비해 최정예 군대를 맨 앞에 전략적으로 배치합니다. 그리고 상황을 살피러 나온 탐색병들을 닥치는 대로 죽입니다. 상식적으로 보면, 최정예 부대를 맨 앞에 배치하는 것은 대단히 위험한 일입니다. 하지만 칭기즈 칸은 블러핑(bluffing)전략을 취

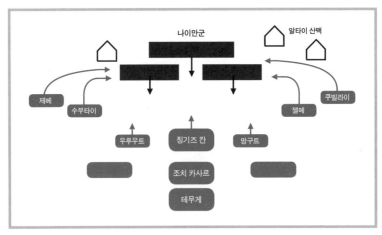

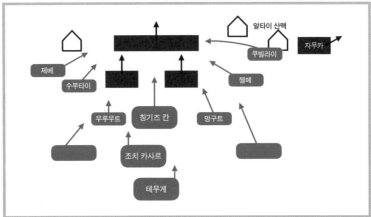

차키르마우트 전투

합니다. 블러핑은 흔히 게임이나 경제학에서 사용되는 단어인데, 자신의 패가 상대방보다 좋지 않을 때 상대를 기권하게 할 목적으로 거짓으로 강한 베팅이나 레이스를 하는 것을 말합니다.

한마디로 허세를 들키지 않기 위해 무리수를 두는 것이지요.

그렇게 시간이 흐를수록 나이만군의 불안감은 커집니다. "칭기즈 칸이 타타르 사람들을 데리고 왔다, 게다가 금나라 군대도 데리고 왔다"는 소문이 퍼지면서 나이만군의 심리가 크게 흔들리죠. 이쯤에 다시 노루 사냥을 떠올려 볼까요? 사람들에게 포위당한 채 위험을 직감한 노루는 어떤 행동을 취할까요? 가장 먼저 사냥꾼이 어느 방향에서부터 공격해 올지 확인할 겁니다. 사방을 포위당했을 때 적이 어느 쪽에서 기습할지 모르니까요.

칭기즈 칸은 이런 상대의 심리마저 꿰뚫어 봤습니다. 예상을 깨고 동시타격을 가합니다. 어느 한군데가 아니라 동시다발로 치고 들어오는 것이죠. 적의 숫자가 많은 줄로 착각하고 초긴장 상태에 놓여 있던 나이만군은 모든 방향에서 갑자기 공격해 들어오는 적에 대한 대비가 전혀 되어 있지 않죠. 완전히 우왕좌왕하게 됩니다.

칭기즈 칸의 매서운 공격에 속수무책으로 당하던 나이만군은 결국 '적군이 압도적으로 우리보다 많구나' 라는 착각을 진짜로 믿어 버리고 전의를 상실합니다.

상황이 이렇게 되자 자무카는 도망을 선택합니다. 상대의 전략에 휘말려 자기 손에 있던 엄청 좋은 패를 제대로 써먹어 보지도 못하고 항복을 합니다. 그렇게 칭기즈 칸은 몽골을 통일하게 됩니다.

2) 금나라 정벌

몽골의 적 - 금나라
· 여진, 거란, 유연, 한족으로 구성된 강국 　인구 5,000만 명으로 병력 무제한 생산 가능 · 25년간 몽골에 저항 후 함락 · 공성전 전투방식 획득 - 6만 명 공병대 모집 · 항복 도시의 여진, 거란 병사 대거 투항

　타타르 부족은 몽골과 함께 몽골 고원에서 자리 잡고 있는 여러 부족 가운데 하나였습니다. 타타르 부족은 칭기즈 칸의 조상인 카불 칸 때부터 몽골과 대립했다고 합니다. 말하자면, 몽골의 숙적인 셈이죠. 그리고 그 배후에는 금나라가 있었습니다. 그래서 칭기즈 칸은 몽골을 통일한 후 당시의 최강 군대인 금나라를 쳐들어갑니다. 금나라는 명실상부 무적의 강국이었습니다. 인구만 봐도 몽골은 100만 명인데 여진, 거란, 유연, 한족으로 구성된 금나라의 인구는 무려 5,000만 명이었거든요. 무제한으로 병력을 생산할 수 있었죠. 국력이나 인구수로 볼 때 금나라 입장에서 몽골은 전혀 두려운 상대가 아니었습니다.

　본디 중국 북부의 북경을 장악하고 있었기 때문에 몽골을 그다지 경계하지 않았습니다. 또한 군대는 거란족과 여진족의 기마 부대와 한족의 보병 부대가 한 몸을 이루어 막강했습니다.

당시 금나라 내 여진의 주력 부대는 몽골과 마찬가지로 기병이었습니다. 하지만 여진의 기병은 몽골의 기병에 비해 힘이 한참 모자랐죠. 금나라 입장에서는 최강 기병을 가진 몽골이 은근히 신경이 쓰였던 겁니다. 그래서 타타르 부족을 통해 몽골을 견제합니다. 그런데 어느 날 칭기즈 칸이 몽골을 통일하고 타타르까지 점령해버린 거죠. 금나라와 경계를 맞댄 거예요. 그러더니 곧 몽골군이 들이닥쳤습니다. 그럼에도 금나라는 몽골군의 침략에 대해서 굳이 싸울 필요 없이 수성전을 벌이면 큰 피해 없이 끝낼 수 있을 것이라 생각했죠.

그러나 금나라는 몽골의 특성을 간과했습니다. 몽골의 특성은 그들의 발자취를 통해 알 수 있죠. 흔히 우리는 몽골이 개방적이어서 다른 문화를 잘 흡수하고, 그 덕분에 몽골 대제국을 건설할 수 있었다고 알고 있습니다. 분명 맞는 말이지만 제 생각에는 두 가지 전제조건이 더 있다고 생각합니다.

하나는 몽골의 문화 수준이 낮았다는 것입니다. 주변 국가에 비해 상대적으로 문화 수준이 낮았기 때문에 새로운 문화를 만나는 족족 흡수를 했던 거죠. 두 번째는 앞에서도 이야기한 것처럼 몽골은 생존을 위해서라면 수단과 방법을 가리지 않았습니다. 마찬가지로 새로운 것을 받아들이는 데 있어서도 수단과 방법에 제약이 없었습니다. 서양으로 치면 마키아벨리즘이고 동양으로 치면 법가적 사고가 몽골인에게 내재되어 있다고 볼 수도 있겠죠.

공성전에 대해서도 마찬가지입니다. 공성전을 처음 접해 보는 몽골군은 타국의 공성 전략을 그대로 충실히 배웁니다. 여기에 승리를 위해 수단과 방법을 가리지 않는 몽골인 특유의 특성이 더해집니다. 객관적으로 봤을 때 몽골은, 금나라를 대상으로 공격도 제대로 하지 못하고, 실패도 많이 겪지만 결국 성을 공략하는 방법을 알아 갑니다. 수많은 시행착오를 통해 몽골이 깨달은 공성전의 공략법은 무엇이었을까요?

최고이자 최후의 공성 전략은 성안의 식량이 떨어지기를 기다리는 것입니다. 그래서 몽골군은 성 주변을 목책으로 두릅니다. 그리고 목책 뒤에서 머물며 때를 기다립니다. 수나라나 당나라는 이런 전법을 사용하지 못합니다. 일반적으로 성 밖에 진을 치고 있으려면 부대에 보급이 원활하게 이루어져야 하는데, 병사들이 먹을 식량을 끊임없이 조달한다는 게 말처럼 쉬운 일이 아닌 거죠. 게다가 일반 병사들은 계절이 바뀌어 봄이 되면 돌아가 농사도 지어야 하죠.

그런데 몽골군은 농사를 지을 필요도 없고, 식량도 충분합니다. 목책 두르고 말고기 샤브샤브 먹으면서 노래하고 있는 거예요. 그러니 오히려 성안의 사람들이 불리해집니다. 아무리 많은 식량을 비축해 두었다고 해도 안에서 농사를 지을 수 있는 것도 아니니 식량은 곧 바닥이 납니다. 시간은 몽골군의 편이 됩니다. 성안의 사람들이 버티지 못하고 나오면 몽골군이 성을 함락시킵니다. 성을 부수고 불태워 말을 키우는 목초지로 만들죠.

이렇게 성이 하나둘씩 무너지자 다른 성에도 소문이 전해집니다. 금나라의 사람들은 몽골군에게는 공성전도 소용없음을 알게 되죠. 거기다 몽골군은 추위에도 강합니다. 몽골이라는 나라 자체가 추운 기후였으니까요. 성으로 피해도 소용없고, 겨울이 되어도 철수하지 않는 데다가, 기병의 힘으로는 대적이 안 되자 결국 금나라는 버티지 못하게 됩니다.

　이 밖에도 몽골 군대의 무서움을 알려 주는 일화가 있습니다. 북송 시대, 송나라 서북쪽에 있었던 티베트 계열의 탕구트족이 세운 서하(西夏)왕조와 몽골군 사이에 있었던 일입니다. 서하에 있는 성 하나가 몽골군의 침략에도 꿋꿋이 버티고 있었습니다. 그러자 몽골군이 화살에 편지를 매달아 성안으로 쏘아 보냈습니다. "너네 힘들지? 너희 고양이하고 제비를 모아서 우리한테 주면 우린 그걸 맛있게 먹고 그냥 갈게." 뭐 이런 내용입니다. 성안의 사람들은 이 말을 믿고 고양이와 제비를 몽땅 잡아다가 줬습니다.

　몽골군의 다음 행동은 무엇이었을까요? 몽골군은 고양이 꼬리와 제비 발에 기름 먹인 솜을 발라서 불을 붙인 뒤 다시 성안으로 집어던졌습니다. 귀소본능이 강한 고양이와 제비는 미친 듯이 날뛰며 원래 살던 곳으로 돌아갑니다. 나무로 지은 서하의 집들에 불이 붙는 것은 시간문제였습니다. 불이 난 성은 금방 함락당했겠죠. 이 방법은 공성전 무기가 없던 몽골군의 공성 전략 중 하나였습니다. 처음 편지를 보낼 때 한 약속과 신뢰는 어디 갔냐구요? 몽골군에게는 그런 게 없습니다. 오로지 결과만 중요시하는 사람들이니까요. 몽골과 대적하던 성들은 이런 식으로 하나하나 무너져 내렸습니다.

3) 호라즘 제국의 정벌

몽골의 적 - 호라즘 제국
· 11세기 당시 세계 최고의 문명국 · 투르크 기병대 + 코끼리 부대 · 금나라와의 전쟁 이후 몽골군은 공성전 공략 기술 획득

11세기의 세계 최강국을 꼽자면 금나라와 호라즘 제국(Khwarezm, 1077~1231)을 꼽을 수 있을 겁니다. 특히 호라즘 제국은 카스피해에서 페르시아만 연안에 이르는 넓은 지역을 지배했습니다. 문화적으로는 송나라가 더 앞서 있었지만, 당시 호라즘 제국은 동서 무역을 독점하여 경제적인 번영을 누리고 있는 강력한 정복 국가였습니다.

칭기즈 칸은 무슬림으로 구성된 교역 사절단을 호라즘 왕국 안에 있는 한 도시인 오트라르에 보냅니다. 그런데 상인들이 가지고 있던 재물에 욕심이 난 오트라르의 총독, 이날추크는 사절단을 감

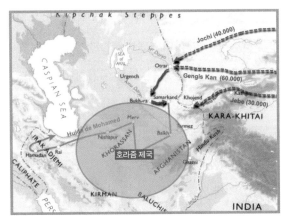

공성의 하이라이트 - 호라즘 제국과의 전쟁

옥에 가둡니다. 분노한 칭기즈 칸은 호라즘의 왕인 무함마드에게
사신을 보내 이날추크의 송환을 요청합니다. 하지만 무함마드는
요청을 들어주기는커녕 감옥에 가두었던 사절단을 모두 죽이고,
칭기즈 칸이 보냈던 사신을 살해한 후 수염을 뽑아 돌려보냅니다.
호라즘이 칭기즈 칸의 최대 원수가 된 사건입니다. 이에 칭기즈 칸
은 여진 정벌을 잠시 뒤로 미루고 군대를 동원해 호라즘을 공격합
니다.

한편 호라즘 제국은 문명이 상당히 높은 수준으로 발달되어 있
었습니다. 지금 이슬람이 수학과 건축이 발달해 있는 이유이기도
하죠. 당시의 호라즘 역시 건축술이 뛰어났습니다. 이 말은 즉, 그
만큼 축성술도 발달했다는 것을 의미합니다. 몽골군이 쳐들어올
것을 예상한 호라즘 제국은 몽골 기병과의 전면전을 피해 농성전

을 준비합니다. 성안에 충분한 식량을 비축해 장기 농성전을 벌여서 몽골에 맞서겠다는 계획이었던 것이죠. 호라즘의 철저한 준비 덕분에 몽골 군대는 곤란을 겪습니다. 예전처럼 목책을 쌓아 놓고 기다린다고 해결될 수준이 아니었던 겁니다. 거기다 동쪽에서 여진과의 싸움을 중단하고 온 상태이기에 호라즘과의 전쟁을 빨리 마무리하고 돌아가야 하는 긴박한 상황이었습니다.

칭기즈 칸은 이와 같은 어려운 상황을 어떻게 해결했을까요? 아주 간단히 말해 눈에는 눈, 이에는 이 전략이었습니다.

서하로 원정을 떠난 몽골군은 예전의 몽골군이 아니었던 것입니다. 몽골군의 말에는 파성추, 투석기, 공성 화살 등 공성을 위한 온갖 무기들이 실려 있었습니다. 호라즘이 상대해야 할 몽골의 기병은 기동성과 공성기술을 두루 갖춘 최강의 군대였죠.

기병과 공성 부대의 결합은 사실 농성을 벌이는 입장에서는 최악일 수밖에 없습니다. 왜냐하면 유사시에 성을 버리고 도망칠 때 성을 포위한 병력을 뚫고 가야 하는데, 성 밖에 있는 군대가 보병이 아니라 기병이라면 얼마 못 가 금방 잡힐 테니까요. 호라즘으로서는 최악의 상황이었던 거죠.

여기서 잠깐, 당시 몽골인들의 인식을 짚고 넘어가 볼게요. 당시 몽골인들은 농민을 천하게 생각했습니다. 몽골인이 지배하는 사회에서 농민은 최하층 계급을 차지하고 있었죠. 어째서 농민을 천하게 생각했을까요? 몽골인들은 크게 두 부류로 사람을 나누어 생각했습니다. 하나는 고기를 먹는 사람, 다른 하나는 풀을 먹는 사람입니다. 자신들은 고기를 먹는 사람에 속했죠. 그리고 '왜 사람이 가축이 먹는 풀을 먹는지 이해할 수 없다'는 것이 당시 몽골인의 사고였어요. 이와 연결 지어 농사를 짓는 사람들을 천대했죠. 그래서 몽골인들은 전투 중에 농민을 죽여도 도덕적인 죄책감을 갖지 않았다고 합니다.

반대로 기술자들은 몽골 사회에서 대단히 우대를 받았습니다. 그 이유는 기술자들이 원거리 무기를 만들 수 있기 때문이었죠. 몽골인들은 인명손실을 최소화할 수 있는 원거리 무기를 특히 선호합니다. 몽골군이 처음 공성전을 치를 당시에는 원거리 무기를 가지고 있지 않아서 목책을 두르고 기다렸어요. 그런데 적군인 금나라를 보니까, 공성전을 하면서 커다란 돌덩어리들을 날리는 거예요. 몽골에는 없는 신무기를 봤으니 너무나 신기했겠죠? 이후에 몽골인들은 투석기 만드는 기술자들을 데려와서 아주 좋은 대우를 해 줍니다. 공성을 직업으로 하는 공병대와 세계 최강 기병의 결합 앞에 호라즘의 성들은 하나씩 무너지게 됩니다. 이 전쟁은 칸의 분노로 시작된 전쟁이었기 때문에 몽골군은 함락된 성에 있던 사람들을 무자비하게 살상했습니다.

그럼, 전쟁의 원인을 제공한 이날추크 총독의 오트라르 성의 상황은 어떨까요? 함락된 오트라르 성의 모든 군인은 처형되었으며, 모든 시민이 노예로 끌려갔습니다. 이슬람 문화와 교육의 중심지인 부하라 성의 상황도 같습니다. 수비군이 몽골의 포위를 뚫고 도망을 가지만 기병의 추격으로 몰살당합니다. 남은 수비군의 가족들은 붙잡혀 방패막이로 내몰립니다. 성안에 있는 군사들은 끓는 기름을 성벽을 타고 오르는 수비군 가족에 부을 수밖에 없죠. 기름을 붓는 사람이나 그 기름을 뒤집어쓰는 사람이나 이런 지옥이 없었을 겁니다. 결국, 성은 함락됩니다. 장인(匠人)들은 몽골로 송환되고, 청년들은 다른 성을 쳐들어갈 돌격 부대로, 나머지 주민들은 몰살당합니다.

이번에는 메르브 성의 이야기입니다. 방어가 힘들다고 생각한 영주는, 칭기즈 칸의 막내아들인 툴루이(Tului, 1192~1232)에게 시민을 해치지 않으면 깨끗이 항복하겠다는 제안을 합니다. 툴루이는 이 제안을 수락해 손쉽게 항복을 받아 냅니다. 하지만 곧장 아무 거리낌 없이 약속을 배반하고 장인과 어린아이만 살려 둔 채 나머지 모든 사람을 학살합니다. 한 명의 군인이 보통 300~400명의 주민을 죽였다고 하죠. 인근의 니샤푸르 성의 상황도 크게 다르지 않았습니다. 툴루이의 인척이 니샤푸르 성 전투 중에 죽었다는 이유로 툴루이는 이 성의 주민은 물론 개와 고양이까지 성안에 있는 모든 생명체를 죽여 버립니다.

이렇듯 몽골의 정복 전쟁은 잔인한 학살과 약탈의 현장이었습니다. 덕분에 몽골군에 대한 유럽 사람들의 공포는 더욱 커집니다.

4) 유럽 정벌

이제 몽골은 그 위세를 유럽 전역까지 떨치기 시작합니다. 당시 유럽의 최강 기병이었던 러시아, 헝가리, 폴란드의 기병과 아시아 최강의 기병, 몽골이 맞붙습니다. 둘이 싸우면 누가 이기겠습니까?

러시아-헝가리 기병은 흰색의 투구와 갑옷을 입고, 말까지 보호구를 착용하고 있어요. 반면 몽골 기병은 제대로 된 갑옷도 갖추어져 있지 않고 무기도 변변치 않았습니다. 아무튼 우리는 알고 있지요. 몽골 기병이 이길 거라는 사실을 말입니다. 하지만 사전 지식이 없는 사람이라면 아무래도 유럽 기병의 승리를 점칠 것 같습니다.

몽골의 적 – 헝가리, 폴란드 기병

· 중갑기병 존재 - 돌파력 최강
· 소규모 특공대(만구다이)들의 유인
· 개발지로 유인 후 포위 섬멸전

당시 동유럽에도 소문이 들리기 시작합니다. 무시무시한 몽골의 군대가 다가오고 있다는 말이 퍼집니다. 세상 소문이 그렇듯 먼

저 들어오는 소식은 당연히 몽골군의 잔인무도함이었습니다. 동유럽에 들어오기 전 러시아에서 이미 몽골군은 그 잔인함을 아주 잘 드러냈습니다.

1223년 칼카 강 전투 후에 러시아군 포로를 일렬로 눕힌 후 나무판을 올려놓고 그 위에서 연회를 벌여 밑에 있던 포로를 압사시킨 사건이 있었습니다. 이 사건은 특히나 유럽인의 입장에서는 공포 그 자체였습니다.

1241년 칭키즈 칸의 손자 바투는 헝가리의 왕 벨러 4세에게 항복하라는 서신을 보냅니다. 그리고 그해 4월, 몽골의 15만 군대는 둘로 나뉘어 약 500킬로미터 떨어진 폴란드 슐레지엔 지방의 레그니차와 헝가리의 모히를 동시에 기습합니다. 바로 레그니차 전투와 모히 전투입니다. 둘 중에 레그니차 전투를 살펴보도록 할까요?

슐레지엔 공국의 왕인 헨리크 2세는 자신의 휘하 군대와 공국의 지원군을 이끌고 레그니차에 도착합니다. 기사들은 약 10kg에 달하는 사슬 갑옷과 투구를 쓰고 3m 길이의 장창으로 무장을 하였고 장궁을 든 보병이 그 옆을 지키고 있었습니다. 이런 기사단 앞에 그 무섭다는 몽골의 군대가 등장을 합니다.

그런데 웬걸? 일단 상대방이 너무 볼품이 없습니다. 말들은 조랑말이고, 기사들은 변변한 갑옷 하나 걸치지 않고 있습니다. 심지어 창도 들고 있지 않습니다. 자신들의 갑옷을 뚫지도 못할 것 같은 빈약해 보이는 단궁을 들고 있고 어떤 병사는 말 위에서 단도를 들고 있습니다. 도대체 그 악명 높은 몽골군이 맞는지 의심이 들 정도입니다.

하지만 조심해야겠다는 생각에 석궁병을 시켜서 화살을 날립니다. 그랬더니 화살을 맞은 몽골군이 조랑말 위에서 쓰러지기 시작합니다. 그래서 기병들이 진격을 시작합니다. 그러자 몽골군이 도망을 갑니다. 조랑말로 도망을 가니 금방 따라잡을 수 있죠. 별거 아니라는 생각이 전군의 뇌리를 스치고 지나갑니다.

이제는 서로 전공을 챙겨야 할 때, 기사들이 앞다투어 진격합니다. 몽골군을 섬멸하기 위해서죠. 그렇게 금세 몽골군을 쫓아내서 신나게 승리를 자축하고 있던 순간 어디서 나타났는지 모를 수많은 몽골 기병이 유럽 기병을 에워쌉니다. 사방에서 쏟아지는 화살로 정신을 차릴 수 없습니다. 설상가상으로. 도망가던 몽골 기병도 말머리를 돌려 공격을 개시합니다.

이것이 바로 유명한 몽골의 만구다이입니다. 만구다이라는 말은 원래 붉은 전사라는 뜻이라고 합니다. 이 붉은 전사들은 유인전술을 하는, 한마디로 적 앞에 나타나서 몽골의 주력 부대가 매복해 있는 곳까지 적들을 유인하는 병사를 말합니다. 그래서 만구다이는 실제로 가장 많이 죽었다고 합니다. 또한 만구다이는 말을 타고 돌아서서 화살을 쏘는 능력이 가장 중요했습니다. 그래야 잡힐 듯 죽을 듯 도망치면서도 살아남을 수 있으니까요.

유럽의 기병이 추격을 하자 만구다이들은 도망을 갑니다. 죽기 살기로 도망을 갑니다. 물론 유럽 기병이 더 빠르지만, 만구다이들은 숨었다가 나타났다가 하며 계속해서 도망을 가죠. 그렇기에 그 중 일부는 죽음을 당하겠지만 그러면서도 계속 도망가며 유인합니다. 그렇게 일방적으로 쫓기던 만구다이들이 말머리를 돌리는 순간 모든 것이 바뀌어 있는 겁니다. 그 장소는 바로 몽골 기병의 본진이 포진해 있는 곳인 겁니다.

몽골 기병의 화살세례에 기병을 따라오면서 속도를 내기 위해 갑옷을 풀어헤쳤던 보병들이 먼저 쓰러져 나갑니다. 자신들을 호위하던 보병을 잃은 기병들도 당황을 하기 시작합니다. 시간은 점점 몽골군에게 유리해져만 갑니다.

그 비밀은 몽골군의 조랑말에 있습니다. 몽골 기병대가 타고 있는 말은 키가 130cm에 불과합니다. 볼품없어 보이는 이 조랑말은 엄청난 장점이 있다고 앞에서 이야기했었습니다. 오랜 시간 달릴 수 있는 지구력이죠.

하지만 장점이 있으면 단점이 있기 마련입니다. 지구력이 좋은 대신 순발력이 떨어집니다. 유럽 기병의 말이 순발력은 훨씬 좋아요. 여러분이 유럽 기병이라면 어떤 전술을 쓰겠어요? 몽골은 활을 쏘니까 원거리에 강하죠. 대신 창을 들고 있지 않기에 근접전에는 취약할 수 밖에 없을 겁니다. 그러니 유럽 기병은 순발력이 좋은 말을 내몰아 접근하여 정면에서 뚫어 버리면 되겠죠?

그런데 지금의 상황은 그렇게 녹록하지가 않습니다. 유럽의 말들은 이미 만구다이를 쫓아오느라 지쳐 있습니다. 새로이 등장한 몽골 기병을 쫓을 순발력이 남아 있지 않습니다. 거기다 지구력이 떨어지기에 급속도로 기동력이 떨어져 갑니다. 후퇴도 할 수 없습니다. 지구력이 떨어져서 이제는 몽골 말보다도 속도도 느리기 때문입니다.

하나둘씩 말들이 쓰러져 갑니다. 그 마지막 열에 있던 용감한 헨리크 2세는 성호를 긋고 부대원과 함께 최후의 돌격을 행했습니다. 그래서 몽골군도 적지 않은 피해를 입었다고 하지요. 그래서 지금도 폴란드 사람들은 그를 조국을 지킨 위대한 영웅으로 기린다고 합니다.

한편 몽골은 당시 중요한 교역로였던 초원길과 비단길까지 손에 넣게 됩니다. 그리고 마침내 몽골의 군대가 오스트리아 빈을 포위하죠. 빈도 함락되기 직전이었습니다. 당시의 유럽 군대가 몽골군들에게 무엇으로 이기겠습니까? 그런데 그때 칭기즈 칸의 아들이자 몽골 제국의 지도자였던 오고타이 칸이 죽습니다. 칸이 사망하자 다음 지도자를 뽑기 위해 몽골의 군대가 갑자기 본국으로 복귀합니다. 유럽 입장에서는 기적 같은 일이 일어난 거예요. 몽고의 전통에 따라 칸이 죽으면 그 후계자를 선출하기 위해 모든 지휘관들이 다 모여야 했거든요.

만일 칸이 죽지 않았다면 몽골은 계속 빈 공략전을 펼쳤을 것이고 아마 빈은 함락되었을 겁니다. 그러면 몽고는 빈을 함락시킨 다음, 거기에서만 멈췄을까요? '파리는 살려 두자'라면서 공격을 멈췄을까요?

그럴 리 없죠. 분명 유럽 전체가 몽골의 수중에 들어갔을 겁니다. 아마 유럽인들도 포로로 잡혀서 또 다른 전쟁의 화살받이로 쓰였겠죠. 그런데 오고타이 칸이 죽는 바람에 몽골 군대가 전부 철수를 하게 된 것입니다. 오고타이의 급작스러운 죽음이 유럽의 역사를 바꾸어 놓았습니다.

5) 송나라 정벌

몽골이 전쟁을 하면서 가장 애를 먹었던 나라는 중국 남쪽의 송나라입니다.

사람들은 송나라가 몽골에게 손쉬운 상대 중 하나였을 것으로 생각합니다. 물론 송나라가 사대주의나 문치주의 등 정치적·문화적 이유로 군사력이 굉장히 약했던 것은 사실입니다. 그런데 몽골은 이런 송나라를 상대로 왜 그렇게 고전을 했을까요?

몽골은 고려에 쳐들어와서 강화도를 정벌하는 데도 아주 오래 걸렸습니다. 왜 오래 걸렸을까요? 삼별초가 처음 어디로 도망갔는지 떠올려 보면 답이 나옵니다. 삼별초는 강화도로 갔다가 진도 그리고 제주도로 가죠. 이렇게 섬으로 도망갔던 이유는 몽골이 수전을 못하기 때문입니다.

우리나라의 역사를 보면 임진왜란 때 신립 장군이 탄금대에서 기병을 데리고 일본군한테 진 이유가 무엇입니까? 신립 장군의 명

- 산악지형 + 진흙, 논 → 기마병 운신의 폭 좁음
- 산성 중심의 소규모 게릴라전
- 강을 통한 해군의 보급전
- 유럽 - 송 - 양동작전(전력 분산)
- 점령한 한족 보병 중심으로 군대 편성 → 장기전을 치름

성은 기병대로 여진족을 물리치고 얻은 것이었습니다. 그만큼 신립 장군은 기병전을 잘하는 사람입니다. 이렇게 기병전에 자신이 있는 신립 장군도 탄금대 전투에서 장소를 잘못 선택하는 실수를 저지릅니다. 벌판에서는 말들이 잘 뛰지만 탄금대는 강가와 논이거든요. 강가는 모래고, 논은 질퍽거리잖아요. 말이 제대로 움직이기가 어렵죠. 기병전을 하기 어려운 장소였던 겁니다.

이와 비슷하게 송나라 역시 중국 남쪽이라 농경지대가 많았습니다. 진흙과 논이 있기 때문에 몽골 군대의 승리 전략, 기병 중심의 운신이 어렵죠. 그리고 양쯔 강이 있습니다. 양쯔 강은 거의 바다 규모의 강이기 때문에, 수전에 약한 몽골로서는 어려움이 있을 수밖에 없었습니다. 점령하는 데 굉장히 오래 걸렸어요.

자그마치 40년이나 걸린 거예요. 송나라를 정벌하는 데 가장 큰 공헌을 했던 이들 중 하나가 바로 고려였습니다. 강화도에 들어갈

때도 항복한 고려 정부군이 만들어 준 배를 타고 들어가죠. 제주도를 함락할 때 어떻게 했습니까? 그때도 여몽 연합군이 배를 타고 들어가서 함락시킵니다. 마찬가지로 양쯔강의 해전에 가장 큰 기여를 한 것은 고려군이었다고 합니다.

6) 팍스 몽골리카

몽골은 세계 최초의 지폐 사용국이었고, 제국 전역의 교역로를 확보합니다. 강력한 군사력을 바탕으로 정비한 교통 통신망, 역참 제도는 거대한 몽골 제국을 관리하고 상업활동을 촉진하는 데 큰 역할을 했습니다. 여기서 역참이란 간단한 숙박 시설과 수레와 말 등의 운송수단, 식량 등을 관리나 사절이 이용할 수 있도록 운영하는 곳이었습니다. 몽골은 50킬로미터마다 역참을 건설해서 대상들을 보호하고 교역을 확대했습니다. 동서양을 넘나들며 많은 나라를 점령했던 몽골은 한편으로는 각국의 문화를 잘 보존하면서 각자의 관습대로 살 수 있도록 해 주었습니다. 과학기술을 보급시키고, 특히 인쇄술을 발달시켰죠.

유럽에서 보면 몽골은 재앙이었을 수도 있습니다. 하지만 화약, 나침반, 인쇄술 등 중국의 3대 발명품이 모두 몽골을 통해서 유럽으로 전해집니다. 그전에는 유럽과 아시아는 서로 근거리에 있었음에도 직접적인 교류가 없었습니다. 몽골 제국 시대 이후 역참제

· 세계 최초의 지폐 사용국

· 제국 전역의 교역로 확보

· 50㎞마다 역참 건설 - 대상 보호 및 교역 확대

· 각자의 관습대로 살아라!

· 종교, 건축, 문화의 보존

· 과학기술의 보급

· 약탈을 관리하기 위해 이슬람 수학 적극 도입

· 기술 전파 위해 목공인쇄술 국가적 활용(알파벳 문자 고안)

가 중앙아시아까지 확장되고 원거리 무역이 발달하면서 새로운 경제 질서가 만들어졌습니다.

당시 중국이라는 최대 문명국의 문화와 아랍의 문명까지 받아들일 수 있게 유럽에 기틀을 다져 준 것도 바로 몽골이었습니다. 사실 굉장히 역설적인 결과죠. "유럽 역사 천년에 있어서 가장 중요한 사건은 바로 몽골의 침략이다"라고 많은 학자가 말하는 이유도 바로 여기에 있습니다.

13세기에 몽골은 그 넓은 땅과 많은 인구를 다스리면서 팍스 몽골리카를 건설했습니다. 몽골의 세계 정복 전쟁에서는 개방적인 문화와 전투 그리고 우리가 쉽게 생각할 수 없었던 새로운 모습을 많이 보여 주었다는 점에서 타산지석(他山之石, 본이 되지 않은 남의 말이나 행동도 자신의 지식과 인격을 수양하는 데에 도움이 될 수 있음을 비유적으로 이르는 말)으로 삼을 부분이 있습니다.

그럼에도 몽골의 발자취를 돌아보며 우리가 가장 눈여겨봐야 할 점은 전쟁의 잔인성입니다. 이 잔인성은 결코 인류의 발전에 도움이 되지 않으며, 또한 절대 용서받을 수 있는 행위가 아니라는 사실을 마음에 새기는 것이 전쟁사 공부의 핵심임을 알아 두셨으면 좋겠습니다.

5장

- - - - - - - - -

영토를 둘러싼
잉글랜드와
프랑스의 대립

백년전쟁

1

─

유럽 전쟁사의 프롤로그

1) 백년전쟁의 원인 : 왕위계승권

백년전쟁(Hundred Years' War)은 1337년부터 1453년까지 잉글랜드와 프랑스 사이에서 벌어졌던 전쟁으로, 백년전쟁으로 불리지만 실제로는 116년 동안 진행된 전쟁입니다. 주요 전투로는 슬로이스 해전(1340), 크레시 전투(1346), 푸아티에 전투(1356), 아쟁쿠르 전투(1415), 오를레앙 전투(1429) 등이 있습니다. 항간에서는 백년전쟁을 근대 유럽의 프롤로그가 되는 전쟁이라고도 표현을 합니다. 확실히 이 전쟁을 기점으로 잉글랜드와 프랑스의 분리가 시작되고, 중세 암흑기를 벗어나 르네상스가 펼쳐집니다. 커다란 변혁이 이루어진다는 점에서 근대 유럽의 시작으로 봐도 손색이 없을 것 같습니다. 그리고 백년전쟁을 이야기할 때 빼놓을 수 없는 인물이 있죠. 바로 잔 다르크(Jeanne d'Arc, 1412~1431)입니다.

프랑스의 영웅 잔 다르크는 어떤 인물일까요? 잔 다르크를 검색해 보면 "프랑스의 애국 소녀"라는 소개 문장이 뜹니다. 흔히 전쟁영웅으로 잘 알려져 있는데, 애국 소녀라는 표현은 왠지 좀 신선합니다. 실제로 잔 다르크는 프랑스가 큰 위기에 처한 1429년, 자신의 나라를 위하는 마음 하나로 신의 목소리를 따라 분연히 나타난 열일곱 살 '소녀'였으니까요. 이 소녀는 오를레앙을 해방시키고 전장 곳곳을 누비며 잉글랜드군을 무찌른 영웅으로 떠오릅니다.

흰색 옷을 입고 앞에 나서서 지휘하는 잔 다르크의 모습이 보이기만 하면 알아서 잉글랜드군이 줄행랑을 칠 정도였다고 하니 전쟁영웅으로서 그 역할이 얼마나 대단했는지 상상할 수 있을 것 같습니다. 잔 다르크의 존재는 프랑스군의 사기를 크게 진작시켰으며 백년전쟁 승리에 지대한 영향을 끼친 것으로 평가됩니다.

다음으로 백년전쟁의 발단을 살펴보겠습니다. 백년전쟁은 무엇에서부터 시작되었을까요? 그 원인은 명분상으로는 왕위계승권 문제에 있었습니다. 자세한 설명을 위해 왕위를 둘러싼 프랑스 왕국의 가계도를 먼저 보겠습니다.

필리프 3세가 1270년부터 1285년까지 왕위를 유지하다가 죽자 아들인 필리프 4세가 왕으로 즉위합니다. 필리프 4세가 1285년부터 1314년까지 왕위를 유지한 다음 아들인 루이 10세가 왕위에 오르죠. 그런데 일찍 죽습니다. 이후 둘째 왕자가 왕위를 이어받는데 역시 오래 살지 못합니다. 그다음 1322년에 왕이 된 셋째 샤를 4세

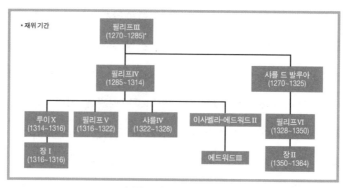

필리프III
(1270~1285)*

• 재위 기간

필리프IV
(1285~1314)

샤를 드 발루아
(1270~1325)

루이X
(1314~1316)

필리프V
(1316~1322)

샤를IV
(1322~1328)

이사벨라-에드워드II

필리프VI
(1328~1350)

장I
(1316~1316)

에드워드III

장II
(1350~1364)

왕위를 둘러싼 프랑스 가계도

역시 1328년에 사망합니다. 이렇듯 왕위를 물려받은 세 명의 왕자 모두 오래 살지 못했습니다.

뒤에 이 세 명의 왕자에게는 이사벨라라는 여동생이 있었습니다. 이사벨라는 1308년 잉글랜드 왕 에드워드 2세와 결혼했습니다. 그리고 이 부부에게서 태어난 아이가 에드워드 3세입니다. 샤를 4세가 죽자, 이사벨라의 아들 에드워드 3세가 다음 왕위를 이을 후보로 거론됩니다.

그런데 여기에서 문제가 생깁니다. 잉글랜드 왕의 아들인 에드워드 3세가 프랑스의 왕이 되면 어느 나라 혈통을 따르게 됩니까? 잉글랜드 혈통을 따르게 되는 거죠. 프랑스 입장에서 달가울 리가 없습니다. 그래서 샤를 3세의 사촌인 필리프가 다음 프랑스 왕위를 이을 후계자로 새롭게 추대됩니다. 그래야 프랑스 혈통이 이어지니까요. 그러면 잉글랜드 입장에서는 기분이 괜찮을까요, 나쁠까요? 당연히 기분 나쁘고 화가 나겠지요. 결국 필리프 6세가 왕위에 등극하고, 프랑스와 잉글랜드 사이에 감정의 골은 더욱 깊어집니다. 그리고 이 갈등을 계기로 두 나라의 전쟁이 시작됩니다. 이것이 백년전쟁의 명분상 원인, 왕위계승권 문제입니다.

2) 백년전쟁의 원인 : 영토 갈등

백년전쟁의 원인은 왕위계승권이라는 중대한 문제에도 있었지만 그것뿐만은 아니었습니다. 사실 모든 전쟁이 그렇듯 득실을 따지는 일이 두 나라 사이에 중요하게 작용했을 겁니다. 다시 말하자면 전쟁을 통해 얻을 수 있는 이익이 얼마인가가 가장 중요하고, 명분은 전쟁을 하기 위해 만든 것에 불과하다고 할 수 있습니다. 그렇다면 백년전쟁으로 인해 프랑스와 잉글랜드가 실제로 얻을 수 있는 이익은 각각 무엇이었을까요? 이제부터 알아보겠습니다.

프랑스와 잉글랜드가 지배권을 놓고 갈등을 벌인 도시가 있습니다. 그 도시는 바로, 가스코뉴 지방에 있는 도시인 보르도입니다. 보르도는 지금도 세계적으로 유명한 와인 산지입니다. 지금도 마찬가지이지만 예전에도 술에는 세금이 많이 붙었습니다. 그래서 와인 생산지는 조세를 많이 징수할 수 있는 지역이죠. 가스코뉴 지방은 와인 무역을 통해 많은 수익을 창출했기 때문에 세금도 많이 거둬

들일 수 있었습니다. 어느 정도냐면, 이 지역의 세금이 당시 프랑스 내 다른 지역의 세금을 합친 것보다도 더 많았다고 합니다. 이 알짜배기 땅의 주인은 잉글랜드였습니다. 프랑스는 이 땅이 매우 탐이 났죠.

프랑스와 잉글랜드 사이 지배권 갈등

두 나라 간에 갈등을 불러일으키는 두 번째 지역은 플랑드르였습니다. 소설(만화) 〈플란더스의 개〉 덕분에 우리에게도 잘 알려져 있는 바로 그 지역입니다. 지금으로 따지면 벨기에와 네덜란드 지역을 말합니다. 와인이 식품(주류업)이라면 이곳의 주력산업은 의류

(모직업)였습니다. 그런데 그 모직물의 원료인 양털의 주요 수출국은 잉글랜드였습니다. 자연히 플랑드르 직공들은 잉글랜드와 친밀한 관계를 맺고 있었죠. 심지어 이들은 1301년 프랑스 국왕에 대한 반란까지 시도했을 정도였습니다.

그 밖에 백년전쟁에 불을 붙인 또 다른 원인으로 스코틀랜드와의 외교 문제를 꼽을 수 있습니다. 스코틀랜드는 잉글랜드와 사이가 나빠서 늘 싸웠고, 대부분 잉글랜드가 이겼습니다. 그런데 어느 날 왕위를 찬탈당할 위기를 겪은 스코틀랜드 왕이 프랑스로 도망을 왔어요. 잉글랜드가 송환을 요청하지만, 평소 스코틀랜드와 사이가 돈독했던 프랑스는 이를 거절합니다. 프랑스의 행동에 잉글랜드 왕은 격분할 수밖에 없었습니다.

이렇듯 양국 사이에 크고 작은 문제들이 모여 갈등에 불을 지폈고, 백년전쟁이라는 길고 긴 전쟁의 서막이 시작됩니다.

3) 크레시 전투

백년전쟁이 발발하면서 본격적인 전쟁의 시작을 알린 첫 전투가 바로 크레시 전투입니다.

크레시 전투는 1346년 프랑스의 항구도시인 칼레 남쪽의 크레시 지역에서 일어난 전투입니다. 잉글랜드군의 지휘관은 에드워드 3세였고, 프랑스군은 필리프 6세가 지휘했습니다. 이 전투는 후에 새로운 무기와 전술의 혼합이 된 중요 전투로 평가되지만, 사실 특별한 점은 없습니다. 목숨을 건 싸움이니 당연히 열심히 싸웠을 겁니다. 여기서 우리가 중요하게 봐야 할 것은 전투에 참여한 군인들의 숫자입니다.

백년전쟁의 주요 전투 지역

잉글랜드군의 숫자는 약 1만 2천 명이었고, 프랑스군은 4만 명이었습니다. 수치로만 본다면 누가 이겼을까요? 당연히 프랑스일 겁니다. 하지만 질문을 한 순간 짐작하셨을 겁니다.

이 전투의 승자는 잉글랜드입니다. 프랑스군이 3배 이상 많았음

크레시 전투

· 프랑스 칼레 남쪽 크레시 지역

· 잉글랜드 약 1만 2천 명
 - 장궁병 6,000명, 기사 3,000명
 - 장창병 3,000명

· 프랑스 약 4만 명
 - 석궁병 6,000명, 기병 3만 6천 명

에도 잉글랜드가 이깁니다. 이 크레시 전투만 그런 걸까요? 다른 전투도 살펴보겠습니다. 다음으로는 푸아티에 전투가 있습니다.

푸아티에 전투는 1356년에 일어난 전투로, 잉글랜드군에게 두 번째 승리를 안겨 준 결정적인 전투입니다. 이때 잉글랜드군을 이끄는 건 뛰어난 군인이었던 흑태자 에드워드(Edward the Black Prince, 1330~1376)였고, 프랑스군을 이끄는 건 프랑스의 왕 장 2세(Jean Ⅱ, 1319~1364)였습니다. 이 전투도 앞서 살펴봤던 크레시 전투와 마찬

푸아티에 전투

· 프랑스 중서부 푸아티에 지역

· 잉글랜드 약 7,000명
 - 장궁병 6,000명, 기사 1,000명

· 프랑스 약 2만 명
 - 석궁병 3,000명
 - 기병 1만 7천 명

가지로 군사의 숫자 차이가 컸습니다. 영국군이 약 7,000명, 프랑스군은 약 2만 명이었죠. 이 전쟁은 누가 이겼을까요? 잉글랜드입니다. 프랑스는 군대가 3배가 많은데도 계속 지는 거예요.

게다가 이 전투에서는 프랑스 왕이 포로로 잡혀갑니다. 옛날 전쟁에서는 왕이 잡히면 끝나는 거죠. 장기를 둘 때도 왕이 잡히면 끝나는 것 아니겠습니까? 그래서 두 나라는 결국 조약을 맺습니다.

프랑스는 잉글랜드에 항복을 하고 많은 땅을 잉글랜드에 양도하기로 합니다. 지도 위에 동그라미 친 부분이 모두 잉글랜드에 양

브레티니-칼레 조약

- 장 2세 석방
- 잉글랜드, 프랑스에 몸값 300만 크라운 요구
- 칼레, 보르도 등 프랑스 영토를 잉글랜드에 양도
- 잉글랜드-프랑스 왕위 청구권 포기

도된 것인데, 프랑스는 이때 보르도를 포함한 그 인근의 영토를 모두 잃고 맙니다. 그리고 잉글랜드는 왕의 몸값으로 300만 크라운을 요구하기까지 했습니다. 하여간 엄청난 돈을 주고 땅도 뺏깁니다. 이에 복수의 칼날을 갈던 프랑스는 1415년 다시 한 번 잉글랜드와 맞붙습니다.

프랑스 북부의 작은 마을에서 프랑스와 잉글랜드군이 전투를 벌이는데, 이 전투가 아쟁쿠르 전투입니다. 노르망디에 상륙하여 칼레를 향해 진격해 오는 헨리 5세의 잉글랜드군과 이를 저지하려는 프랑스군의 전투인데, 앞선 전투들보다도 병력 차이가 큽니다. 하이라이트라고 할 수 있죠. 프랑스의 약 3만 명의 군대와 대적하는 잉글랜드군의 수는 겨우 6,000명이었습니다.

아쟁쿠르 전투		
	프랑스	잉글랜드
병력	· 프랑스 약 3만 - 궁병 5,000명 - 중장기사 2만 5천 명	· 잉글랜드 약 6,000명 - 궁병 5,000명 - 하마기사 1,000명
지휘	샤를 달브레	헨리 5세
결과	최고 지휘관 전사 전사자 4,000~1만 명 잉글랜드 대승	최소 전사자 112명 프랑스 패

아쟁쿠르 전쟁

　각종 무기로 전투를 벌이는 현대전이 아니라 군사의 숫자로 힘
겨루기를 하는 중세 전투이기 때문에 잉글랜드군이 절대적으로 불
리했죠. 그런데 말입니다. 6,000대 3만인데, 프랑스는 또 집니다.
도대체 왜 졌을까요? 다음 페이지에서 자세히 짚어 보도록 하겠습
니다.

2
잉글랜드 승리의 비밀

　앞에서 이야기한 것처럼 프랑스는 훨씬 많은 수의 군대를 대동하고도 번번이 잉글랜드군에 지고 맙니다. 그 이유를 알기 위해서는 프랑스군과 잉글랜드군의 군인 구성을 비교해 볼 필요가 있습니다. 아쟁쿠르 전투에서의 두 나라 군인 구성을 볼까요? 잉글랜드군은 장궁병과 하마기사로 이루어져 있습니다.

　하마기사는 말에서 내려서 싸우는 기사를 말합니다. 하마기사의 능력은 뒤에 가서 살펴보는 것으로 하겠습니다. 다음으로 프랑스군의 군인 구성을 보면 석궁병과 중장기사로 이루어져 있습니다. 이제 정확한 전력비교를 위해서 잉글랜드군의 장궁병과 프랑스군의 석궁병을 비교해 보죠.

1) 석궁병과 장궁병

프랑스의 석궁병(왼쪽), 잉글랜드의 장궁병(오른쪽)

위의 그림에서 여러분이 보기에 어느 쪽이 더 막강해 보이나요? 왼쪽의 석궁병? 아니면 오른쪽의 장궁병? 무기의 위력이 더 센 쪽은 단연 석궁입니다. 석궁은 갑옷을 뚫어 버릴 수 있거든요. 그래서 역설적으로 석궁은 한때 사용이 금지되기도 했습니다.

1139년에 있었던 일인데요. 제2차 라테란 공의회에서 다음과 같은 결정을 내립니다. "석궁은 기독교 인간끼리 사용하기에는 너무 무서운 무기임으로 사용을 금한다." 왜 이런 결정이 내려졌을까요? 이유는 간단합니다. 그 위력이 너무 대단해서 갑옷도 소용없기 때문이었죠. 예루살렘 공방전에서 석궁은 대활약을 합니다. 이후 유럽에서도 석궁 사용이 본격화되자 가장 곤란해진 것은 갑옷을 입고 활약하던 기사들이었습니다. 일생 동안 전투기술을 연마한 기사를 일개 석궁수가 잡아 버릴 수가 있게 되었거든요. 아시다시피 중세 봉건제는 영주-기사-농노의 축을 중심으로 사회질서가 유지되고 있었습니다. 그런데 석궁이 나타나면서 잘못하면 그 축이 무너질 수 있다는 위기감이 엄습한 겁니다.

하지만 언제나 그렇듯 기술의 발전은 누구도 막을 수 없는 법입니다. 석궁은 더 강력해졌고 점점 더 그 수가 늘어났습니다. 그리고 훗날 본격적으로 화약무기가 사용되면서 석궁 또한 사라지게 돼죠.

다시, 잉글랜드군과 프랑스군의 궁수들을 보겠습니다. 잉글랜드군의 장궁병과 프랑스의 석궁병 사이의 전력은 위에서 말한 것처럼 석궁병이 훨씬 앞서 있었습니다.

사정거리의 경우 석궁보다 장궁이 좀 더 길었지만, 사정거리 때문에 전쟁의 양상이 바뀌진 않습니다. 그리고 그 사정거리도 크게 차이가 나진 않았고요.

그렇다면 석궁이 가진 단점은 없을까요? 그림을 보며 생각해 보면 단점을 알 수 있습니다. 석궁은 장궁병보다 크기가 작습니다. 물리적으로 봤을 때 크기가 작은 석궁을 크기가 큰 장궁과 비슷하게 멀리 쏘려면 어떻게 해야 할까요? 탄성이 강해야 하겠죠. 즉 석궁은 활에 더 강한 힘이 가해질 수 있도록 활시위를 세게 잡아당겨야 합니다. 활시위를 세게 잡아당기려면 강한 힘이 필요합니다. 때문에 사람의 팔 힘만으로는 당길 수 없습니다. 그래서 그림에서 석궁병이 재장전을 하기 위해 석궁을 바닥에 놓고 활시위를 늘리고 있는 것입니다. 시위를 늘리는 장치가 있기 때문에 그것의 도움을 받아서 화살을 쏩니다. 이런 이유로 석궁은 시위를 바로바로 당겨서 활을 쏘는 장궁보다 시간이 오래 걸린다는 단점을 가지고 있었습니다.

나름 큰 단점입니다만, 석궁은 역시 단점보다는 장점이 많습니다. 석궁의 다른 장점 중 하나는 비교적 손쉽게 사용할 수 있다는 것이었습니다. 군인을 양성하는 것 자체도 시간이 필요한 일인데, 하물며 백발백중은 아니더라도 실력이 있는 궁병을 길러 내는 일은 단기간에는 할 수 없는 일이죠. 그런데 석궁은 오래 훈련할 필요가 없었습니다. 화살을 장치에 넣고 돌려서 목표물을 향해 쏘면 되니까요. 장궁보다 석궁병을 양성하는 것이 훨씬 효율적이었습니다.

석궁병의 약점은 어찌 보면 단 하나, 장착시간이 오래 걸린다는 겁니다. 화살을 장착하는 동안 날아오는 화살을 막아야 합니다. 그래서 사진에서 보듯 석궁병은 방패를 항상 휴대하고 다녔던 겁니다. 그런데 크레시 전투에서 석궁병들은 평소 전투 모습과 달랐습니다. 어떻게 달랐을까요?

크레시 전투의 석궁병들은 방패를 가지고 있지 않았습니다. 그들의 트레이드 마크라고 할 수 있는 파비스의 방패를 보급 행렬에 놓아 두고 온 것이죠. 상대편의 3배가 넘는 인원으로 전력 차가 컸으니까요. 장궁보다 강한 석궁을 들고 전투를 하다 보니 당연히 이길 줄 알았던 거죠. 한마디로 방심했던 겁니다. 방패가 없는 석궁병은 장궁병에게 속수무책으로 당하고 맙니다.

2) 중장기사와 하마기사

프랑스의 중장기사(왼쪽)와 잉글랜드의 하마기사(오른쪽)

다음으로 잉글랜드와 프랑스의 기사를 비교해 볼까요?

그림의 왼쪽이 프랑스의 중장기사입니다. 굉장히 럭셔리한 모습이지요. 군인들도 갑옷으로 무장한 것은 물론 말까지도 갑옷을 걸치고 있어요. 오른쪽 그림은 하마기사입니다. 원래 기사는 말을 타고 다니죠? 그럼 잉글랜드의 하마기사들은 말을 타지 않고 다녔을까요? 아닙니다. 하마기사들은 말을 타고 다니다가 내려서도 싸우는 기사입니다. 그래서 하마기사죠.

프랑스 기사는 전형적인 기병인 반면, 잉글랜드 하마기사는 기병 플러스 보병의 형태인 거예요. 그런데 좀 이상하다고 생각되지 않으시나요? 말에서 내려서 싸울 거면 말을 왜 타고 다닐까요? 그 이유는 전투 상황이 매번 달라지기 때문입니다. 하마기사도 기본적으로는 말을 타고 싸우는 중갑기병이죠. 하지만 전투 상황에서는 항상 변수가 많아 때에 따라 공격을 하다가 수비로 전환해야 하는 일이 생깁니다. 말을 타고 수비를 하는 것은 전혀 효율적이지 못합니다. 때문에 수비를 할 때는 말에서 내려서 밀집대형을 만들어 싸우는 것입니다. 이렇게 상황에 따라 자신의 포지션을 유연하게 바꿀 수 있는 기사들이 바로 하마기사입니다.

그래서 하마기사들은 말에서 내려서 싸울 때 사용할 무기들도 가지고 다닙니다. 오른쪽 그림을 자세히 보면, 칼도 있고 양쪽이 뾰족한 창이 보입니다. 양쪽이 뾰족하게 변형된 창은 갑옷 사이를 밀어 넣기 좋죠. 이것으로 말에서 떨어진 적군 기사들을 파고들어 공격합니다. 말에서 내려서 싸우니 더 막강합니다.

그렇다면 하마기사에게 유리한 싸움 환경은 어디일까요? 중장기사는 말을 타고 있어요. 그럼 말이 못 다니는 데서 싸우면 하마기사가 이기겠죠. 그렇다면 말이 못 다니는 데가 어디일까요? 말의 발을 묶을 수 있는 대표적인 곳은 진흙탕이 있습니다. 그래서 잉글랜드군은 비 온 직후의 진흙탕으로 프랑스군을 유인합니다. 프랑스군은 진흙탕에 발이 묶여 어쩔 줄 몰라 할 겁니다. 이때 하마기사가 내려서 중장기사를 공격하는 겁니다. 이 또한 프랑스군이 숫자가 많아도 번번이 전투에서 졌던 이유였습니다.

군사의 숫자와 상관없이 승패가 갈렸던 실제 전투 하나를 살펴보겠습니다. 크레시 전투입니다.

크레시 전투

잉글랜드군

Longuevillette

Crécy

석궁병

프랑스군

필리프 6세

Estrées

Maye River

FOREST
OF
CRECY

Fontaine

· 잉글랜드군 언덕에 진지 구축

· 진영 앞 장애물 설치

· 프랑스군의 돌격

· 프랑스 수적 우위에도 참패

크레시 전투에서 프랑스와 잉글랜드의 전력은 앞에서 이야기했던 것처럼 4만 명과 1만 2천 명으로, 큰 차이가 있었습니다. 지도 그림을 보면 먼저 석궁병과 장궁병이 맞붙습니다. 이때 석궁병들은 방패도 가지고 있지 않았다고 했었죠? 장궁병들에게 밀린 석궁병들은 후퇴를 합니다. 그런데 같은 편인 프랑스 기사들이 후퇴하는 석궁병들의 목을 벱니다. 그리고 자신들이 전면에 나서죠. 아군의 우세한 수를 믿고 돌격합니다.

이때 잉글랜드군은 방어에 한창이었습니다. 군사의 수가 적었으니까요. 프랑스 기사들이 돌격해 오자 양쪽에 배치했던 장궁병이 화살을 날리기 시작합니다. 장궁은 분명 석궁보다 약해서 갑옷을 뚫을 수는 없지만 나름 선전을 합니다. 잉글랜드 장궁병들은 고도의 훈련을 통해 1분에 12~20발을 쏠 수 있었다고 합니다.

무수히 쏟아지는 화살로 인해 기사들이 타고 있던 말들이 쓰러집니다. 그런데 앞 상황이 진흙탕이에요. 잉글랜드군이 프랑스군을 유인한 바로 그곳이 전날 비가 내려 진창이 된 땅이었던 거죠. 프랑스 기병의 속도는 점차 느려졌고, 장궁병의 화살에 쓰러지는 숫자도 점차 많아졌습니다. 그렇게 빠져나온 프랑스 기사들에게는 곧장 잉글랜드의 하마기사들이 달려들었죠. 이후의 결과는 너무 쉽게 상상이 가능합니다. 크레시 전투의 승리는 잉글랜드에게 돌아갑니다.

3) 백년전쟁의 영웅, 잔 다르크

프랑스가 계속 전쟁에 패하고 있을 때, 백년전쟁을 승리로 이끈 영웅 잔 다르크가 등장합니다. 잔 다르크는 프랑스 북동부 지방의 동레미라는 시골 마을 출신의 소녀였죠. 그러던 어느 날 잔 다르크는 프랑스를 구하라는 하늘의 계시를 받고 당시 시농 성에 머물고 있던 샤를 왕세자를 찾아갑니다. 이때 샤를 왕세자는 다른 사람을 왕세자로 분장시키고 자신은 측근들 사이에 숨어 있었다고 합니다. 하지만 잔 다르크는 샤를 왕세자를 단숨에 찾아내 예를 갖췄다고 하죠. 훗날 잔 다르크는 샤를 왕세자가 랭스(전통적으로 프랑스 국왕의 대관식이 열리는 장소)에서 대관식을 치를 수 있도록 돕습니다.

지금도 잔 다르크는 두말할 것 없는 프랑스의 전쟁 영웅입니다. 세상 모든 사람이 그녀가 전투에서 항상 패배하기만 했던 프랑스

잔 다르크

· 귀족 출신 지휘관들에게 적극적 공세 주장 및 실행
· 화살에 의한 부상에도 전투 지휘
· 잉글랜드군 요새 점령

군을 구했다는 것을 알고 있습니다. 그렇지만 그녀가 구사한 전략과 전술에 대해서는 잘 모릅니다. 도대체 그녀는 어떤 귀신같은 전략과 전술을 펼친 걸까요? 팔랑크스와 같은 막강한 보병진, 아니면 망치와 모루 작전, 아니면 몽골군처럼 경기병을 잘 활용했을까요? 10대 후반의 소녀가 전투에서 탁월한 전략과 전술을 구사했다는 것은 객관적으로 있을 수 없는 일이죠. 잔 다르크는 다만 자신이 할 수 있는 일을 했던 것 같습니다.

쉽게 말하자면, 잔 다르크는 우선 당시 프랑스 귀족들의 심리를 잘 파악했습니다. 전투에서 계속 지기만 했던 프랑스 귀족들은 무조건 전투를 피하고 싶어 했습니다. 그런데 잔 다르크가 "싸우자!"라고 한 거죠. 기사들 입장에서는 조금 창피했을 겁니다. 어린 소녀가 앞장서서 싸우자고 말하고, 실제 현장에서도 선봉에 서서 싸웁니다.

게다가 목에 화살을 맞거나, 투석기에서 날아온 돌을 머리에 맞고도 다시 벌떡 일어나 포기하지 않고 싸우는 겁니다. 오직 왕과 자신의 조국 프랑스를 위해서 말입니다. 무엇보다 자극이 되었던 건 잔 다르크가 실제 전투에서 승리했다는 사실일 겁니다.

그렇다면 장군도 아닌 잔 다르크는 어떻게 이겼을까요? 아주 간단합니다. 예를 들어 잔 다르크는 조언을 해 주는 겁니다. 석궁병한테 방패 꼭 챙겨 가라고 이야기하고, 기사들에게는 비 온 후에 진흙탕으로 돌격하지 말라고 합니다. 프랑스는 애초부터 병력 숫자도 유리했고, 자국 땅이라 보급이 원활했기 때문에 몇몇의 잘못을 고치고 나니 전투에서 이기기 시작합니다. 또한 프랑스 군인들이 애국주의로 정신 무장을 하기 시작하자 이전과는 확연히 다른 모습으로 변화합니다. 상황이 이렇게 되니, 프랑스 귀족들 역시 더 이상 꽁무니를 뺄 수 없게 됩니다. 프랑스군은 서서히 총력전을 펼칠 수 있는 조건을 마련합니다. 기본적으로 인구와 국력에서 잉글랜드를 넘어섰던 프랑스는 이제 전처럼 밀리지 않습니다. 이런 조건의 계기를 만든 사람이 바로 잔 다르크입니다.

다시 말해, 잔 다르크는 힘이나 전술, 전략, 전법 등에서 뛰어났던 것이 아닙니다. 다만 '신의 뜻이다'라고 하면서 프랑스인의 정신을 깨우친 거죠. 잔 다르크 이후에 멘탈이 강해진 프랑스군은 원칙을 지키며 싸우게 된 것입니다. 석궁 부대가 제대로 방패를 들고 나가고, 불리한 지형을 피하고 유리한 지형에서 싸우게 하고, 이길 수 있다는 마인드를 심어 준 것이지요. 그렇게 잔 다르크는 프랑스를 구한 영웅이 됩니다.

잔 다르크의 활약으로 랭스를 탈환한 샤를 왕세자는, 샤를 7세(Charles Ⅶ, 재위 1422~1461)로 프랑스 왕의 자리에 즉위하게 됩니다. 참고로 당시 대관식 장소는 안타깝게도 이번에 소실을 겪은 노트르담 성당입니다.

샤를 7세의 즉위 후 잔 다르크는 불행한 결말에 다가갑니다. 1430년 콩피에뉴 전투에서 패한 잔 다르크는 잉글랜드에 포로로 잡혀갑니다. 앞에서 플랑드르 지방이 전쟁 때 잉글랜드의 편을 들었다고 했죠? 이번엔 잉글랜드와 동맹을 맺은 프랑스 부르고뉴 군대가 프랑스를 공격합니다. 이에 잔 다르크는 자신을 따르던 소수의 병력을 데리고 맞서 싸우러 갑니다. 그러나 결국 포로가 되고 말죠. 잉글랜드군은 샤를 7세에게 잔 다르크의 몸값을 요구합니다. 원래 이 정도 공을 세운 인물이 포로가 되었다고 하면 몸값을 주고 데려올 수 있을 겁니다. 잉글랜드도 돈만 주면 풀어 주겠다고 했고요. 그런데 프랑스 왕실은 돈을 주지 않습니다.

결국 잔 다르크는 재판 끝에 마녀 혐의를 받아 화형으로 19세

나이에 인생을 마감합니다. 잔 다르크 화형 이후에도 백년전쟁은 지속됩니다. 결국 프랑스의 승리로 귀결되면서 지금의 잉글랜드와 프랑스의 경계를 구축하게 됩니다.

포로가 된 잔 다르크

· 콩피에뉴 전투 - 브르고뉴의 포로
· 잉글랜드에 넘겨져 이단 심판
· 정치적 용도 상실로 방치
· 루앙에서 처형

이렇게 백년전쟁을 기점으로 유럽에는 민족주의라는 새로운 사상이 발화하게 됩니다. 또한 전쟁사적으로는 기사시대의 종말을 맞이했죠. 오랜 전쟁은 봉건 귀족 세력의 약화를 초래했고, 결국은 상비군에 기반한 국왕 중심의 중앙집권제가 강화되는 계기가 마련됩니다. 이로써 근대의 시작을 알리는 서곡이 울리게 되었습니다.

6장

중세의 끝
그리고
근대의 시작

콘스탄티노플 함락전쟁

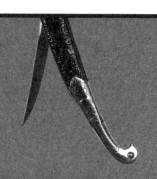

1
동로마의 마지막 수도
콘스탄티노플

1) 중세시대 : 서로마의 멸망부터 동로마의 멸망까지

동로마 제국의 멸망을 가져온 콘스탄티노플 함락전입니다. 연도는 1453년입니다. 동양과 서양은 여러 번의 큰 전쟁을 치르게 됩니다. 가장 먼저 치렀던 전쟁은 이미 앞에서 한차례 다루었던 그리스와 페르시아 전쟁입니다. 두 번째는, 동양과 서양이 맞붙었던 십자군 전쟁이 되겠죠. 그다음 세 번째로 꼽히는 전투가 바로 콘스탄티노플 함락 전쟁입니다.

이 함락전은 사실, 중세의 종언을 알리는 전쟁이라고 할 수 있습니다. 우리가 흔히 중세시대라는 말을 많이 사용하는데, 도대체 중세시대는 언제부터 언제까지를 말하는지 궁금하지 않으신가요? 학자마다 조금씩 다르지만, 저는 로마의 멸망부터 로마의 멸망까지를 중세시대라고 이야기합니다. 무슨 이야기냐구요? 로마의 멸망에서부터 로마의 멸망까지란 말은 즉, 서로마의 멸망부터 동로마의 멸망 시기까지를 뜻합니다. 서로마의 멸망으로 중세시대가 시작됐고 동로마의 멸망으로 중세시대가 끝났다고 보는 것입니다.

476년에 게르만의 용병인 오도아케르가 서로마를 멸망시킵니다. 이때를 기준으로 서양의 중세가 시작되었다고 한다면, 동로마를 멸망시켜서 중세시대의 끝을 맺는 전쟁이 바로 지금 이야기하는 콘스탄티노플 함락 전쟁입니다.

서구 중세시대는 오스만투르크가 이룬 서양에 대한 동양의 승리를 마지막으로 끝납니다. 하지만 훗날 되돌아보면, 이때 벌어진 역사적 사건이 역설적이게도 다시 서양 문명이 동양을 앞설 수 있게 하는 계기가 됩니다.

2) 난공불락의 콘스탄티노플

330년 콘스탄티누스 1세가 그리스의 식민 도시인 비잔티움 (Byzantium)을 제 2의 수도로 삼고 '콘스탄티노플'이라 불렀죠. 콘스탄티노플은 동로마의 마지막 수도로 알려져 있죠. 콘스탄티노플 함락 전쟁은 오스만 제국의 황제 메흐메트 2세가 오랜 숙원사업이었던 콘스탄트노플 공략 작전을 펼치면서 본격적으로 시작되었습니다.

일단 전쟁이 벌어질 당시 콘스탄티노플의 병력을 살펴보면 조금 황당합니다. 당시 콘스탄티노플을 지키는 병사의 수는 7,000명

뿐이었습니다.

상당히 의외라는 생각이 들죠? 상당히 유명한 전투인데, 마지막 결사항전하는 군사가 겨우 7,000명이라니요. 7만 명이나 70만 명은 되어야 전투 같잖아요. 이렇게 군사의 숫자로도 드러나듯 동로마는 이미 많이 쇠락해 있는 상태였습니다. 쉽게 말해 오늘내일하고 있던 상황이었던 것이죠. 반대로 생각해 보면 그렇게나 안 좋은 상황인데도 불구하고 콘스탄트노플은 생각보다 엄청 오래 버팁니다.

콘스탄티노플 역대 침략자

· 훈족 아틸라	· 페르시아-아바르 연합군
· 무라드 2세	· 아랍 우마이야 왕조

콘스탄티노플은 사실 이전에도 대단한 침략자들을 맞이했었습니다. 그럼에도 함락되지 않았죠. 콘스탄티노플을 침략했던 역대 침략자들 중에는 서양인들에게 악명 높은, 훈족의 군주 아틸라(Attila, 재위 443~453)도 있었습니다. 페르시아도 있었습니다. 페르시아는 훈족을 계승한 아바르와 같이 쳐들어갔음에도 콘스탄티노플을 함락시키지 못했습니다. 아랍의 우마이야 왕조(661~750)도 마찬가지입니다. 우마이야 왕조는 이베리아 반도 등을 정복한 강국이

없는데도 콘스탄티노플 함락에 실패합니다. 이렇게 쟁쟁한 세력들이 쳐들어갔는데도 콘스탄티노플을 함락시키지 못합니다. 도대체 왜 함락을 시키지 못했을까요?

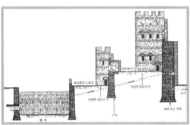

콘스탄티노플의 3중 성벽

우선 콘스탄티노플은 아주 잘 만들어진 성으로, 3중 성벽을 갖추고 있었습니다. 20m가량의 해자도 있었어요. 해자는 땅을 파고서 거기에 물을 채워 놓는 거예요. 보통 해자의 폭에 따라 그 성이 얼마나 튼튼한가를 가늠해 볼 수 있는데, 콘스탄티노플은 해자 폭이 20m나 됩니다.

폭이 20m인 해자를 넘으려면 사다리 같은 것을 가져와서 벽에 걸치고 건너와야 하겠죠. 여기서 한번 방어가 가능합니다. 자세히 보면 성벽에 구멍이 뚫려 있죠? 성에서 화살 공격을 할 수 있게 되어 있어요. 그리고 나서는 또 바로 3차 장벽이 있습니다. 원래 내성과 외성이 멀리 있잖아요. 그런데 콘스탄티노플은 내성과 외성이 가깝습니다. 그래서 해자 주변을 집중공략을 할 수 있게 되어 있죠. 그래서 콘스탄티노플은 실제로 넘어오기가 어려운, 아주 잘 만든 성입니다. 방어전에 아주 유리한 전략을 가지고 있기 때문에, 콘스탄티노플의 3중 성벽을 뚫는다는 것은 대단히 어려운 일이었습니다. 많은 정복 군주가 콘스탄티노플을 함락할 수 없었던 1차적인 이유는 바로 이 3중 성벽에 있었습니다.

콘스탄티노플 성을 난공불락으로 만들었던 두 번째 요인은 성을 둘러싸고 있는 바다였습니다.

그림을 같이 볼까요? 콘스탄티노플 근처에는 보스포루스 해협과 골든 혼, 마르마라 해협이 있습니다. 다시 말해, 콘스탄티노플은 해협과 골든 혼으로 둘러싸여 있었던 것입니다. 육지 쪽은 말할

콘스탄티노플 인근 바다의 모습

것도 없이 3중 성벽이 굳건히 지켜 주고 있었고요. 그림에 있는 붉은 선이 성벽의 위치를 나타냅니다.

육지의 성벽을 뚫을 수 없으니 대부분 어떤 생각을 할까요? 콘스탄티노플을 점령하고 싶은 침략자들은 당연히 바다를 떠올렸을 겁니다. 하지만 불행히도 바다 쪽으로도 접근이 어려웠습니다. 왜냐하면, 해류가 너무 세서 정박할 수 없었던 겁니다. 마르마라 해가 천연의 요새인 거예요. 육지로 가자니 도무지 성벽을 뚫을 수 없죠? 바다로 가자니 해류가 빠르죠. 수영도 할 수 없고 배를 댈 수도 없어요. 이렇게 육지 쪽으로도 바다 쪽으로도 완벽한 수비형태를 갖추고 있는 난공불락의 도시였습니다.

그래도 잘 찾아보니 약점으로 삼을 수 있는 한 곳이 남아 있었습니다. 바로 골든 혼입니다. 배를 타고 골든 혼 쪽으로 돌아오면 되겠죠? 간단하잖아요. 이곳은 해협과 다른 지형이니 해류가 빠르지는 않을 테니까요. 하지만 콘스탄티노플도 그리 호락호락하지 않습니다. 골든 혼으로 적군이 쳐들어오는 것을 막기 위해서 바다에 긴 쇠사슬을 연결시킵니다. 긴 쇠사슬이 있으니까 배가 못 들어

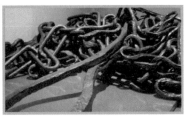

골든 혼 출입을 막기 위한 방제

옵니다. 사슬에 걸리면 그대로 뒤집힐 테니까요. 콘스탄티노플이 천연의 요새라고 하는 것은 3중 성벽과 빠른 물살, 골든 혼을 봉쇄하고 있는 긴 쇠사슬, 이 세 가지 때문입니다. 여러 침략자들로부터 역대급 공격을 받아도 콘스탄티노플이 버틸 수 있었던 이유가 여기에 있었습니다.

3) 메흐메트 2세의 콘스탄티노플 공략

난공불락의 콘스탄티노플을 함락한 인물은 바로 메흐메트 2세(Mehmet II, 재위 1444~1446, 1451~1481)였습니다. 그는 이미 과거에 콘스탄티노플 점령을 시도했던 무라드 2세(1421~1444)의 셋째 아들입니다. 오스만 제국의 7대 술탄이자 정복자로 왕국 오스만 튀르크 왕국을 오스만 제국으로 발전시킨 인물로 알려져 있습니다. 그의 어머니가 노예였기 때문에 그의 출생은 비천했습니다. 하지만 똑똑한 머리와 결단력으로 왕의 자리에 올랐습니다.

자, 독자 여러분이 메흐메트 2세라고 생각해 보세요. 아버지도 공략에 실패했던 콘스탄티노플을 점령하고 싶겠죠? 그러면 먼저 무엇부터 해야 할까요? 예를 들어보죠. 내가 어떤 사람을 좀 때려주고 싶어요. 그러면 먼저 해야 될 것이 내가 때렸을 때 그 사람을 도와서 나를 공격할 사람이 있는지 정도는 봐야겠죠? 조력자가 있으면 오히려 내가 역습당할 수도 있잖아요. 마찬가지입니다. 콘스탄티노플은 서양의 상징이죠. 그래서 매번 다른 세력들이 도와줬

메흐메트 2세

던 거예요. 쉽게 이야기하면 콘스탄티노플은 서양의 자존심이었던 겁니다.

당시 콘스탄티노플은 지금의 이스탄불입니다. 서양세력들은 이스탄불을 돕기 위해 무엇을 했을까요? 육지로 오는 방법도 있겠지만 언뜻 가늠해 봐도 너무 느립니다. 만약 프랑스가 도우러 온다고 생각해 보세요. 독일, 오스트리아, 헝가리, 불가리아 그리고 루마니아를 거쳐야 됩니다. 일분일초라도 빨리 와야 하는데, 이대로라면 도착하기 전에 함락될 것 같네요. 때문에 협조 세력들은 모두 해로를 통해서 옵니다. 해로는 크게 두 가지 길이 있습니다. 위의 흑해를 통하는 방법과 아래 지중해를 통하는 방법입니다.

이 사실을 꿰고 있던 메흐메트 2세는, 우선 흑해를 통하는 해로

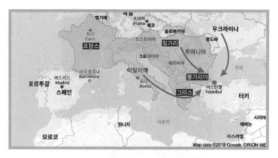
콘스탄티노플의 서양세력

를 차단합니다. 콘스탄티노플 지원군이 흑해를 통해 온다면 반드시 보스포루스 해협을 통과해야 합니다. 그래서 메흐메트 2세는 보스포루스 해협 위에 '루멜리 히사르'라는 요새를 건설해서 길목을 차단합니다.

지도를 보면 보스포루스 해협 위에 루멜리 히사르를 건설해서 길목을 차단한 것이 보일 겁니다. 보스포루스 해협을 딱 차단하고

보스포루스 해협 봉쇄

있으니까 서양세력이 흑해를 통해서 지원군을 보낼 수가 없는 거예요.

이제 남은 것은 지중해를 통해서 지원하는 세력입니다. 지중해 경로만 막으면 되는 거죠. 그런데 이번에는 쉽지 않습니다. 왜냐면 보스포루스 해협과 같은 길목이 없기 때문에 요새를 세워서 막을 수도 없었거든요.

잉글랜드, 프랑스, 오스트리아 그리고 이탈리아 같은 강국의 지원을 막아야 하는데, 뾰족한 방법이 없었죠. 그런데 운칠기삼(運七技三, 사람의 일은 재주나 노력보다 운에 달려 있음)이라는 말이 있듯, 하늘이 메흐메트 2세를 돕습니다. 다행히도 이 당시 잉글랜드와 프랑스 등의 국가들은 구원병을 보낼 형편이 되지 못했습니다. 잉글랜드와 프랑스는 앞에서 다루었듯 백년전쟁 중이었습니다. 그다음으로 힘이 센 오스트리아는, 분열되어 내분을 겪습니다. 마지막으로 이탈리아는 교황청이 있는 곳입니다. 콘스탄티노플은 동로마의 수도이고 동로마는 정교일치 국가였습니다. 그렇기 때문에 서방정교 교회를 믿는 세력과 오랫동안 교황권을 둘러싼 분쟁을 겪었기에 오히려 적대적입니다. 교황권을 둘러싼 서방 세력과의 협상도 결렬된 상태였습니다.

정리해 보자면, 백년전쟁이 터지고 거기다 신성로마제국의 분열로 콘스탄티노플을 실제로 도와주러 올 세력들이 없는 거예요.

이제 콘스탄티노플은 고립무원의 처지가 되었습니다. 메흐메트 2세에게는 절호의 기회였습니다.

4) 예니체리 부대

1453년 5월, 드디어 메흐메트 2세 술탄의 명령이 떨어집니다. 오스만 제국군의 총공격이 시작되죠. 총 병력은 10만 명 이상으로, 여기에는 술탄의 정예부대이자 가장 강력한 부대인 예니체리(Janissary) 군단 1만 여명이 포함되어 있습니다.

예니체리 부대는 무척 독특합니다. 이슬람 세력은 어디를 점령하면 정복민들에게 종교를 강요하지 않습니다. 대신 조세제도와 같은 제도를 통해 교화를 시도했습니다. "우리 종교를 믿으면 세금을 안 내지만 우리 종교를 안 믿는 사람들은 세금만 내면 돼"라고 합니다. 이게 이슬람의 전형적인 교화정책입니다. 마찬가지로 예

예니체리 부대

니체리 역시 교화정책을 통해 생겨난 특수부대입니다.

예니체리 부대가 만들어지는 과정을 좀 더 자세히 살펴볼게요. 일단 이슬람 왕의 친위 세력들이 이슬람 점령지역에 있는 기독교 집안의 자식들 중 고아(혹은 고아 같은 아이)들을 데리고 옵니다. 나이가 아주 어린 아이들이 대상이었죠. 원래 기독교 집안 출신이기 때문에 이 아이들은 정상적으로 컸다면, 이슬람 세력 내에서 성공하기는 어려웠을 겁니다. 그래서 거꾸로 이들을 데려다가 군사훈련을 시켜서 성공을 보장해 주는 겁니다. 그러면 절대 충성이 돌아오겠죠? 이런 사람들로 구성된 부대가 바로 예니체리 부대입니다.

예를 들어 내가 미국에서 고아로 태어났다면 성공하기가 쉬울까요, 어려울까요? 어려울 겁니다. 보이지 않는 장벽이 있으니까요. 그런데 미국 정부에서 어릴 때부터 장학금을 주면서 키웁니다. 그리고 성인이 되면 미국 행정부의 직원으로 고용까지 해 줍니다. 그렇다면 아마 보통의 미국인보다 훨씬 더 미국에 충성을 하게 될 겁니다. 이와 마찬가지로 예니체리 부대 역시 목숨을 걸고 싸우는 것은 물론, 술탄에 대한 충성심도 대단했습니다.

예니체리 부대를 보면 총을 들고 있죠. 총만 들고 있는 게 아닙니다. 활도 들고, 창도 들고 심지어는 방패도 들고 있습니다. 도대체 무기가 몇 개예요? 많은 무기를 들고 있다는 것은 즉, 이들이 그만큼 오랜 시간 군사훈련을 받아 모든 무기를 다룰 수 있을 정도의 정예병이라는 것입니다.

과거의 전쟁과 요즘의 전쟁은 그 양상이 많이 다릅니다. 군인을 양성하는 방식에 있어서도 차이가 큽니다. 옛날에는 군인을 금방 양성해 낼 수 없었습니다. 예를 들어, 기병이 말을 타면서 적군을 검으로 벨 수 있을 정도의 실력을 쌓으려면 적어도 3년이 걸렸습니다. 소질도 있어야 하고 힘도 있어야 해요. 그런데 예니체리 부대원들은 모든 무기를 다룰 수 있다는 거죠. 어떤 곳, 어떤 지형, 어떤 환경에서도 전쟁을 할 수 있는 군사들로 키운 겁니다. 막강하고 충성심이 강하죠? 어려서부터 배운 건 싸움밖에 없는 거예요. 못 다루는 무기가 없는 이런 부대를 어떻게 당할 수 있겠어요.

콘스탄티노플에서도 예니체리 부대는 가장 강력한 군단으로 역할을 다합니다. 성벽을 무너뜨리는 제 3차 파상공격의 주역이 되어 성벽 탑에 오스만 제국의 깃발을 꽂습니다. 기독교의 자제들이 기독교의 성지에 이슬람의 깃발을 올리는 일이 벌어진 것이죠.

하지만 예니체리 부대의 끝은 그리 좋지 않습니다. 예니체리 세력에 대한 왕의 총애가 깊어지자 기존 이슬람 세력의 시샘과 질투가 시작됩니다. 알고 보면 이슬람 입장에서 예니체리 부대원들은 원수의 자식인 셈이니까요. 쟤네들이 우리 편이 된 것까지는 괜찮았는데, 나중에 보니 포상도 받고 기존 우리 세력보다 더 잘나가니 당연히 배가 아프겠죠? 그래서 "우리도 들어갈래"라며 이런저런 사람들이 예니체리 부대의 구성원으로 섞입니다. 그러다 보니 정예의 성격이 사라져 버리죠. 정예 성격이 사라지고 몸집만 커진 예니체리 부대는 나중에는 기득권 세력이 됩니다. 결국 술탄에 의해서 해체되는 비극을 맞이하게 됩니다. 이것은 이후의 일이고, 이 당시에는 예니체리 부대는 자타가 공인하는 세계 최강의 부대였습니다.

우르반 거대사석포

예니체리 부대와 함께 콘스탄티노플 성곽을 무너뜨리는 두 번째 일등 공신은 거대사석포입니다. 헝가리 기술자 우르반이라는 사람이 만들었죠.

기술자 우르반은 거대사석포를 개발은 했지만, 아직 실물의 형태가 없는 상태로 우선 콘스탄티노플에 갑니다. 무기를 만들 돈이 없었기에 설계도와 도면을 가지고 찾아가서 "돈 주면 이렇게 만들게요"라고 한 거예요. 그런데 그 무렵 동로마는 가난했습니다. 그래서 우르반의 제안은 거절당합니다. 게다가 이건 기본적으로 공성무기죠? 콘스탄티노플 입장에서는 그다지 절실하지 않았던 거예요. 그랬더니 이 사람이 누구한테 갑니까? 메흐메트 2세한테 간 거예요.

메흐메트 2세를 만난 우르반은 예를 들어 "이 무기를 만들 테니 3,000만 원만 주세요"라고 말합니다. 그랬더니 메흐메트는 9,000만 원을 줍니다. 3배의 금액을 내준 거예요. 우르반은 당연히 더 열심히 만들겠죠. 이렇게 우르반의 거대사석포는 메흐메트 2세의 전력으로 쓰입니다.

2
—
한 시대의 끝,
콘스탄티노플 함락

자, 이렇게 해서 메흐메트 2세는 콘스탄티노플 함락 준비를 마쳤습니다. 조력자들도 막았고 성을 부술 수 있는 강력한 무기까지 갖춘 막강한 부대를 만들었습니다. 이제 본격적인 전쟁이 시작됩니다.

우선 병력 차이를 볼까요? 비잔티움 제국의 수도 콘스탄티노플을 지키는 군사의 수는 총 7,000명입니다. 그중 2,000명은 용병이죠. 그렇다면 오스만군의 병력은 어떨까요? 아나톨리아 정규군 5~6만 명에 예니체리 1만 명, 비정규군 2만 명까지 약 10만 명 가까이 됩니다. 10만 명 대 7,000명 싸움이에요. 해전 상황도 크게 다르지 않습니다. 오스만군의 100~150척과 비잔티움의 26척이 싸우는 거죠. 전력 차이가 이 정도라면, 누가 와도 힘들 정도일 겁니다. 그야말로 압도적인 차이라고 할 수 있습니다.

오스만과 비잔티움군의 대치도를 볼까요? 콘스탄티노플의 육지 쪽 경계는 성벽입니다. 붉은 선으로 표시한 걸 보면 됩니다. 앞에서 이미 이야기한 대로 콘스탄티노플의 바다에는 거센 해류가 있고, 골든 혼에는 방제를 해 둬서 적군이 접근하기 어렵습니다. 그래서 보면 육지 쪽 초록색의 선(오스만군)이 모여 있는 것을 볼 수 있습니다. 여기가 메흐메트 2세의 본진입니다. 앞에서 언급했던 헝가리 출신의 기술자 우르반이 만든 대포도 이쪽에 있습니다. 공성전을 하기 위해서죠.

지도에 표시된 ①, ②, ③번을 차례로 보면, ①번과 ②번에는 오

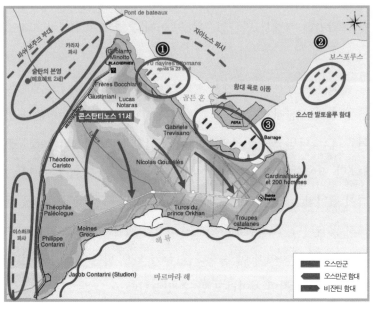

오스만군과 비잔티움군의 대치도

콘스탄티노플 함락전		
	오스만 제국	비잔티움 제국
병력	· 오스만군 : 총 병력 8~10만 명 - 아나톨리아 정규군(5~6만 명) - 예니체리(1만 명) - 비정규군(약 2만 명) · 해군 - 100척	· 비잔티움군 : 총 병력 7,000명 - 이탈리아 용병(2,000명) - 자국병력(5,000명) · 해군 - 26척
지휘	메흐메트 2세	콘스탄티노스 11세
결과	사상자 다수(추정)	4,000명 이상 사망(추정)

스만의 해군이 있습니다. ③번은 비잔티움의 해군이지요. 재미있는 건, ②번 흑해에 있는 오스만군은 의미가 없다고 볼 수 있습니다. 골든 혼에 방제가 되어 있어 접근할 수 없기 때문입니다. 실제로는 ①번과 ③번이 부딪쳐 전투를 치르는 것이지요. 참고로 이 해전에서는 ③번, 비잔티움의 해군이 이깁니다. 아무래도 홈그라운드의 이점이 있었고, 흑해의 오스만 지원군이 도와주지 못했기 때문이죠.

1) 육전 양상

육지에서는 우르반의 대포를 쏜 다음에 '돌격 앞으로!' 정면 공격을 합니다. 하지만 콘스탄티노플 병사들이 결사항전을 합니다. 정면 공격이 통하지 않자, 오스만군은 성벽 아래로 땅을 파고들어 갔습니다. 이 사실을 안 콘스탄티노플 병사들은 기름을 붓고, 역으로 터널을 이용해 오스만군을 공격합니다. 우르반의 대포를 이용한 포격, 돌격전, 터널을 이용한 공략법 등 오스만군의 다각적인 공격에도 성벽은 뚫릴 듯 뚫리지 않습니다.

오스만군의 총력에도 뚫리지 않는 성벽

2) 해전 양상

육지에서 승부가 나지 않는 것처럼 해상에서도 승부가 나질 않았습니다. 옆의 그림은 메흐메트 2세가 오스만군을 이끌고 정찰을 하는 모습입니다. 자세히 보면 기분이 나빠 보입니다. 이때 비잔티움

오스만 해군과 메흐메트 2세

해군이 수적 열세에도 오스만군에 대적해 잘 싸우고 있었거든요. 메흐메트 2세 입장에서는 울화통이 터질 만도 합니다.

육지에서는 비잔티움 성을 공략하고 있지만 계속 실패하고 있죠? 어쨌든 계속 못 뚫고 있는 거예요. 해군도 싸워서 지고 있고, 구원해야 할 해군은 방제에 막혀서 못 오고 있어요.

여러분이 전략가라면 이런 상황에서 어떻게 해야 할까요?

이 상황에서 오스만군이 할 일은 한 가지였습니다. 바로, 놀고 있는 해군들을 전쟁터로 보내는 것입니다. 그런데 그 해군을 뭐가 막고 있어요? 골든 혼에 설치되어 있는 방제가 막고 있죠. 이때 메흐메트 2세는 기발한 전략을 짜냅니다. 자신의 함선들이 방제에 가로막혀 나아갈 수 없으니 배 아래에 통나무를 대기로 합니다. 통나무를 잘라서 연결시킨 뒤 배를 그 위에 올렸습니다.

창조적인 생각이 아닐 수 없습니다. 쉽게 표현하면 뗏목 비슷한

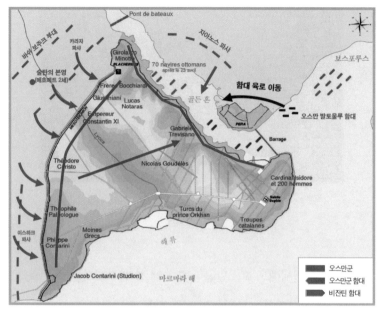

메흐메트 2세의 해상 전략

것 위에 배를 얹어 둔 모양새가 되는 거죠. 그리고 뒤에서 배를 미
는 거죠. 그러면 배가 탱크처럼 움직이게 되는 겁니다.

이때 콘스탄티노플 해군들은 방심하고 있었어요. 계속해서 오
스만군을 막아 내어 자신감이 하늘을 찌를 듯 치솟아 있었고, 오스
만군의 공격이 뜸하자 소강상태로 접어들었나 보다 했던 거죠. 그
런데 갑자기 골든 혼 안쪽에서 엄청나게 많은 숫자의 오스만 함대
가 나타납니다.

분명히 골든 혼 방제가 무너졌다는 연락을 받지 못했는데 말이
죠. 콘스탄티노플 해군의 입장에서는 전혀 예상하지 못한 상황이

펼쳐진 것입니다. 그러니 엄청 당황할 수밖에요.

제대로 대비하지 못한 콘스탄티노플 해군은 결국 압도적인 오스만 함대에 패하고 맙니다.

이제 콘스탄티노플 성안에서도 발등에 불이 떨어졌습니다. 해군이 패했다는 소식이 들려왔으니까요.

빠른 속도로 바다에 있던 오스만 병력이 상륙해서 올라오게 되겠죠. 공성전을 대비하기 시작합니다. 그러기 위해서는 원래 성벽을 지키고 있었던 병력을 나눠서 배치해야 하죠. 그러자 비로소 오스만군이 비집고 들어갈 틈이 생기게 됩니다.

오스만 군대는 이 기회를 놓치지 않습니다. 우르반의 대포가 불을 뿜고, 예니체리 부대가 총공격에 들어갑니다. 결국 난공불락이던 콘스탄티노플은 최후를 맞이하고 함락되고 맙니다.

콘스탄티노플의 결말을 생각해 보면 절망적입니다. 해군은 전멸하고, 성안의 식량은 떨어져 가고, 바깥에서 울리는 대포 소리는 점점 커져 갑니다. 예니체리 부대는 코앞에 다가왔고요. 오스만군의 파상공격이 너무나 매섭습니다. 심지어 콘스탄티노플의 육군 사령

함락당한 콘스탄티노플	
· 비잔티움의 식량 부족	· 오스만군의 파상공격
· 메흐메트 2세 총공격 결의	· 주스티니아니 부상

콘스탄티노플의 함락

관이었던 주스티니아니 장군도 대포에 맞아 부상을 입습니다. 콘스
탄티노플 황제에게 결단의 시간이 다가오죠. 그러나 황제는 항복하
지 않고 결사대를 데리고 나가 최후의 돌진을 합니다. 이후 흔적도
없이 전멸하죠.

이렇게 황제가 최후를 맞이하면서 콘스탄티노플 전쟁이 막을 내
립니다. 드디어 이슬람 세력이 서구를 상대로 대승을 거두게 된 것
이죠. 하지만 이 승리는 역설적으로 서양 문명이 동양 문명을 앞지
르게 되는 계기가 됩니다.

그 이유는 첫 번째로 당시 동로마에서 선진 문물과 문명을 누렸
던 학자들이 이탈리아 쪽으로 피신을 가게 됩니다. 그리고 이탈리
아에서 르네상스를 꽃피우는 원동력이 됩니다.

두 번째로 이슬람 세력이 콘스탄티노플을 함락하면서 동양과 서양의 무역로인 비단길을 끊어 버리게 됩니다. 동양과의 무역로를 잃어버린 서양은 먼 항로를 돌아 새로운 무역로를 찾아 나서게 됩니다. 그러다가 신대륙을 발견하게 되는 것입니다.

　이렇듯 콘스탄티노플 전쟁은 동서양에 커다란 변화를 불러오는 이정표 역할을 했습니다.

2권으로 이어집니다. ☞